W0085497

Mosaik
bei GOLDMANN

Buch

Verständlich vermittelt die Autorin alles Wissenswerte rund um das uralte Heilmittel der Indianer aus dem südamerikanischen Regenwald. Sie beschreibt seine Bedeutung im Rahmen der indianischen Medizin und der Heilkunst der Schamanen, seine Herkunft und was man bei Kauf, Lagerung sowie Zubereitung beachten soll. In dem umfangreichen Gesundheitsteil stellt sie die heilende Wirkung des Lapacho-Tees bei Beschwerden von A bis Z vor. Auch für die Schönheit, etwa bei der Haar- und Hautpflege, kann Lapacho-Tee gut eingesetzt werden. Die Rezepte sind schnell und einfach nachzumachen. Anregungen für einen Lapacho-Kurtag oder gar eine Lapacho-Kurwoche helfen, sich körperlich und seelisch zu stärken.

Autorin

Gisela Finke ist Diplom-Psychologin, Wissenschaftsjournalistin und Schriftstellerin. Sie war lange Zeit Redakteurin der Zeitschrift »Naturamed«. Ihre Themenschwerpunkte liegen in den Bereichen Gesundheitsvorsorge, Pflanzenheilkunde, Umweltmedizin, Psychologie und Psychosomatik.

GISELA FINKE

Lapacho

Gesundheit aus dem Regenwald

Mosaik
bei GOLDMANN

Die hier vorgestellten Informationen sind nach bestem Wissen und Gewissen geprüft, dennoch übernehmen die Autorin und der Verlag keinerlei Haftung für Schäden irgendeiner Art, die sich direkt oder indirekt aus dem Gebrauch der hier vorgestellten Anwendungen ergeben. Bitte beachten Sie in jedem Fall die Grenzen der Selbstbehandlung, und nehmen Sie bei Krankheitssymptomen professionelle Diagnose und Therapie durch ärztliche oder naturheilkundliche Hilfe in Anspruch.

Umwelthinweis:
Alle bedruckten Materialien dieses Taschenbuches
sind chlorfrei und umweltschonend.

Originalausgabe Mai 1999
© Wilhelm Goldmann Verlag, München
in der Verlagsgruppe Bertelsmann GmbH
Umschlaggestaltung: Design Team München
unter Verwendung folgender Fotos:
Umschlag und Umschlaginnenseiten: Guido Pretzl
Konzeption und Realisation:
Christine Proske, Ariadne Buchkonzeption, München
Redaktion: Gertrud Bauer
Satz: Uhl + Massopust, Aalen
Druck: Elsnerdruck, Berlin
Verlagsnummer: 16198
Kö · Herstellung: Max Widmaier
Made in Germany
ISBN 3-442-16198-3

1 3 5 7 9 10 8 6 4 2

Inhalt

Lapacho-Tee kurz vorgestellt

Der Lapacho-Tee ist ein uraltes Heilmittel der Indianer aus dem südamerikanischen Regenwald. Er wird aus der inneren Rinde des Roten oder Purpurnen Lapacho-Baumes gewonnen. Erst seit einigen Jahren findet er auch in Nordamerika und Europa Verbreitung und das Interesse der Öffentlichkeit.

Hauptsächlich wird der Lapacho-Tee als Abkochung zubereitet und entweder getrunken, Voll- und Teilbädern zugegeben oder für Umschläge verwendet. Er ist in Naturkost- und Gesundheitsläden und in Apotheken lose und in Teebeuteln zu bekommen; auch Kapseln und Tinkturen sind inzwischen auf dem Markt.

In Südamerika wird Lapacho-Tee häufig auch in der Krebsbehandlung eingesetzt. Fallberichte über spektakuläre Heilerfolge bei Krebs haben weltweites Aufsehen erregt und ihm den Ruf verliehen, möglicherweise ein potentes pflanzliches Antikrebs-Mittel zu sein. Wie wirksam Lapacho-Tee bei Krebs, aber auch bei Aids oder Diabetes ist, wird derzeit wissenschaftlich erforscht.

Unbestritten sind die vielfältigen anderen Heilwirkungen dieser indianischen Naturmedizin. Lapacho-Tee kann Viren, Bakterien und Pilze abtöten, er bringt Entzündungen zum Abheilen und stillt Schmerzen. Er hilft bei Erkältungskrankheiten, Fieber, Durchfall und Hautverletzungen und stärkt das Immunsystem – um nur einige seiner Wohltaten für die menschliche Gesundheit zu nennen.

Die Vielfältigkeit seiner Anwendungsmöglichkeiten

rührt daher, daß in der Rinde des Lapacho-Baumes nicht nur sehr viele Mineralstoffe und Spurenelemente enthalten sind, sondern auch noch weitere, bisher noch gar nicht vollständig analysierte biologische Stoffe, die zum Immunsystem des tropischen Baumes gehören.

Bei all seinen medizinischen Wirkungen ist Lapacho-Tee völlig frei von Nebenwirkungen und wird deshalb auch von Kindern und alten, geschwächten Menschen sehr gut vertragen.

Zu guter Letzt: Lapacho-Tee ist wohlschmeckend und kann, ohne an Heilwirkung einzubüßen, auch gesüßt oder mit Sahne verfeinert getrunken werden.

Lapacho im Überblick

Name	Lapacho-Tee
andere Bezeichnungen	Pau D'Arco, Taheebo, Ipe Roxo
Lateinische Namen verschiedener Unterarten des Baumes	Tabebuia impetiginosa, Tabebuia avellanedae, Tabebuia heptaphylla, Tabebuia serratifolia, Tabebuia rosea
Familienzugehörigkeit	Bigoniaceen
verwendete Pflanzenteile	innere Rinde
Vorkommen	Amazonas-Regenwald

Heilwirkung und dafür bekannte biologische Stoffe	
gegen Bakterien (antibiotisch)	Flavonoide: Quercitin, Xylodion
gegen Pilze (antifungal)	Naphtachinone, Lapachol
gegen Viren (antiviral)	Naphtachinone, Lapachol
schmerzlindernd (analgetisch)	Anthrachinone
gegen Entzündungen (antiinflammatorisch)	Eisen, Naphtachinone
blutdrucksenkend (hypotensiv)	Flavonoide
entwässernd (diuretisch)	Saponine
tumorhemmend	Lapachol, Beta-Lapachol

Zubereitung des Tees

1 Eßlöffel Lapacho-Tee in 3/4 Liter Wasser 8–10 Minuten lang kochen, noch zirka 15 Minuten ziehen lassen, durch ein feines Sieb abseihen.

Dosierung

Zur Vorbeugung und als Haustee: bis zu 3 Tassen täglich. Im akuten Krankheitsfall, als Kuranwendung: bis zu 6 Tassen täglich.

Die Schatzkammer des Regenwaldes

Wahre Schatzkammern an natürlichen Heilmitteln liegen, bisher noch weitgehend unerschlossen, in den tropischen Regenwäldern verborgen, die sich in Asien, Afrika und Südamerika entlang des Äquators erstrecken und ungefähr ein Sechstel der Erdoberfläche bedecken. Das größte zusammenhängende Regenwaldgebiet befindet sich am Amazonas. Es umfaßt weite Teile von Brasilien, Venezuela, Kolumbien bis zur Region westlich der Anden in den Ländern Ecuador und Peru. Wäre der amazonische Regenwald ein Staat, wäre er der neuntgrößte der Erde. Auf einem Hektar des Regenwaldes wachsen schätzungsweise über 750 verschiedene Baumarten und über 1500 Arten von höheren Pflanzen.

Der Amazonas hat über 1000 Nebenflüsse und ist stellenweise über fünf Kilometer breit. Ein Sechstel der Süßwasservorräte der Erde fließt durch das Amazonas-Gebiet; das ist eine größere Süßwassermasse, als die acht nächstgrößten Flüsse der Erde zusammen enthalten. Und es werden ungefähr 20 Prozent des Sauerstoffs unseres Planeten von den Pflanzen des Regenwaldes synthetisiert, weshalb man ihn auch als Lunge der Erde bezeichnet.

Aufgrund des Wasserreichtums und der günstigen klimatischen Bedingungen enthält der tropische Regenwald Leben in fast unvorstellbarer Fülle. Mehr als die Hälfte aller bekannten Pflanzen- und Tierarten der Welt sind hier beheimatet; die meisten sind bis heute nicht näher untersucht und katalogisiert. Man schätzt allein die Planzenvielfalt auf

ungefähr 300 000 verschiedene Arten. Es läßt sich nur ah-
nen, welche unentdeckten Schätze sowohl für die Gesundheitsvorsorge als auch für die natürliche Bekämpfung von
Krankheiten hier noch im Verborgenen liegen.

So stammen zum Beispiel 70 Prozent der bisher bekannten Pflanzen, die gegen Krebs wirksame Substanzen enthalten, aus dem Regenwald.

Allein 120 in den USA zugelassene verschreibungs-
pflichtige Medikamente haben ihren Ursprung in organi-
schem Material aus dem Regenwald; sie werden aus 95
verschiedenen Pflanzen gewonnen.

Ein Viertel aller in den USA verkauften pharmazeuti-
schen Produkte enthält Inhaltsstoffe aus dem Regenwald,
obwohl bislang nur weniger als drei Prozent der bekannten Arten auf ihre pharmazeutische Wirkung hin wissenschaftlich erforscht wurden.

Biologische Abwehrkräfte

Im Laufe ihrer Entwicklung über Millionen von Jahren
haben Pflanzen Abwehrkräfte entwickelt, die sie vor Schäd-
lingen schützen. Es handelt sich um eine unübersehbare
Vielzahl von bio-chemischen Substanzen, die die Pflanzen
selbst erzeugen und die für viele Insekten giftig sind.

Auch im menschlichen Körper können diese Stoffe eine
starke Wirkung verursachen. Sie können zu Vergiftungen
führen (man denke nur an unseren heimischen Knollen-
blätterpilz), sie können aber auch von großem medizini-
schem Nutzen sein.

Ein Beispiel dafür ist das Curare, das Pfeilgift der Amazonas-Indianer. Die Eingeborenen gewinnen dieses starke
Gift aus der Rinde des Mamukure-Baumes, der den botanischen Namen Strychnos guianensis erhalten hat. Curare

führt zur Erschlaffung der Muskulatur und findet heutzutage in unseren Operationssälen Verwendung. Es ist ein Gemisch aus sogenannten Alkaloiden, stickstoffhaltigen Substanzen, die sehr oft in tropischen Pflanzen vorkommen. Dazu gehören zum Beispiel Koffein, Nikotin und Morphium. Auch das bekannte Chinin ist ein Alkaloid, das aus der Rinde des Chinarinden- oder Fieberrindenbaumes gewonnen wird. Seine Wirkung entdeckten ursprünglich südamerikanische Indianer; später wurde es als Heilmittel gegen die Malaria überall auf der Welt verwendet. Es ist dem Chinin zu verdanken, daß die Malaria in den gemäßigten Klimazonen ausgerottet und in den Tropen zumindest zurückgedrängt werden konnte.

Gefährdung des Regenwaldes

Mit Sicherheit gibt es noch sehr, sehr viele Heilmittel, die im Regenwald verborgen auf ihre Entdeckung warten. Die meisten von denen, die bisher bekannt sind, wurden – wie der Lapacho-Tee – zuerst von den Indianern entdeckt und für Heilzwecke eingesetzt. Seit 1960 untersucht das National Cancer Institute (die Nationale Krebsbehörde der USA) Pflanzen aus der ganzen Welt auf ihre Wirksamkeit gegen den Krebs, neuerdings auch gegen Aids. Das ist oft ein Wettlauf mit der Zeit. So fand man in einem Baum, der in Sawarak in Nordborneo wuchs, einen Stoff, der im Reagenzglas HIV-1-Viren abtötete. In anderen Proben derselben Baumart konnten die Wissenschaftler diese Substanz jedoch nicht nachweisen. Also entschied man, am Fundort der ersten Probe in Borneo nochmals Material zu sammeln. Aber inzwischen war, wie der Ethnobotaniker Mark J. Plotkin berichtet, das Gebiet gerodet worden und auch der gesuchte Baum dem Kahlschlag zum Opfer gefallen.

Ein anderes – diesmal positives – Beispiel ist die Pflanze Catharanthe. Diese war ursprünglich auf Madagaskar heimisch und wurde wegen ihrer hübschen Blüten durch Seefahrer in den gesamten Tropen und Subtropen verbreitet. Die Naturvölker in Südamerika, Asien und der Karibik verwendeten sie alsbald als Heilpflanze gegen Entzündungen, Insektenstiche und Fieber und zur Behandlung von Blutungen. 1957 begann sich die Wissenschaft für diese Pflanze zu interessieren, nachdem man beobachtet hatte, daß sie auch gegen Diabetes eingesetzt wurde. Gefunden wurde zwar kein Antidiabetikum, aber eines der wirksamsten Mittel gegen Leukämie! Leukämie ist mit einer abnormalen Vermehrung der weißen Blutkörperchen verbunden. Man fand in der Catharanthe zwei Alkaloide (Vinblastin und Vincristin), die die Anzahl der weißen Blutkörperchen drastisch senken. Dank dieser Wirkung überleben heute vier von fünf Kindern eine Erkrankung an Leukämie.

Die Indianer haben schon immer Wurzeln, Blätter und Rinden für Heilzwecke genutzt. Das Wissen der Medizinmänner und Schamanen der Stämme wurde über die Jahrhunderte mündlich von Generation zu Generation weitergegeben. Schriftliche Aufzeichnungen gibt es kaum. »Jedesmal, wenn ein Medizinmann stirbt, ist es, als brenne eine Bibliothek nieder«, sagt Mark J. Plotkin. Vor fünfhundert Jahren lebten noch zehn Millionen Indios im Amazonas-Gebiet, heute sind es nur noch 200 000. Allein in Brasilien sind seit dem Beginn unseres Jahrhunderts über 90 Stämme ausgestorben.

Der Anthropologe Robert de Ropp sagt: »Manche Chemiker, die ein paar Substanzen synthetisiert haben, glauben, sie seien besser als die Natur. Diese aber hat so viele Substanzen erschaffen, daß man sie nicht einmal alle aufzählen könnte, und sie hat ja schließlich auch die Chemiker selbst synthetisiert.«

Der Lapacho-Baum

Der Lapacho-Baum (mit botanischem Namen *Tabebuia*) ist ein stattlicher immergrüner Baum mit purpurnen, gelben oder rosafarbigen Blüten. Er gehört zur Familie der Bigoniaceen und kann eine Höhe von 30 Metern, einen Umfang von mehr als drei Metern und das biblische Alter von 700 Jahren erreichen.

Die Heimat des Lapacho-Baumes ist der Amazonas-Regenwald im Norden Südamerikas. Hier prägt er als Landschaftsbaum die Vegetation, ähnlich wie bei uns die Kastanie oder die Linde. Man sieht ihn auch sehr häufig in südamerikanischen Städten, wo er das Straßenbild mit seinen hübschen doldenähnlichen Blüten belebt.

Es sind zwar annähernd 100 Arten von Lapacho-Bäumen bekannt, aber nur einige davon erreichen eine gute Qualität als Heilpflanze. Zu nennen sind vor allem die in Argentinien und Brasilien beheimateten Lapacho-Arten mit dem botanischen Namen *Tabebuia impetiginosa* und die vorwiegend in Kolumbien wachsende *Tabebuia serratifolia*. Andere Varietäten, in denen auch Heileigenschaften nachgewiesen wurden und die in der Volksmedizin verwendet werden, sind *Tabebuia avellanedae*, *Tabebuia heptaphylla* und *Tabebuia rosea*. Zur Gewinnung des echten Lapacho-Tees bedarf es besonders erfahrener Sammler, die fähig sind, die einzelnen Arten voneinander zu unterscheiden.

Der Lapacho-Baum ist auch unter dem portugiesischen Namen *Pau D'Arco* (Bogenholz) und unter den indianischen Namen *Taheebo* (Ameisenholz) und *Ipe Roxo* (rotes Holz) bekannt. Manche Beschreibungen unterscheiden auch zwischen dem *Lapacho Colorado* (roter Lapacho) und *Lapacho Morado*, dem lila blühenden Lapacho-Baum, der in kühlerem Klima wächst, beispielsweise im Hochland der Anden und in Paraguay.

Die Bedeutung der Rinde

Lapacho-Tee wird aus der rotbraunen inneren Rinde des Lapacho-Baumes gewonnen. Er besteht aus rötlichen, sehr feinen Spänen, deren holzigen Ursprung man noch sieht und fühlt. Wenn man vorsichtig etwas Rinde von einem Baum ablöst, wird man eine feuchte, sehr dünne Schicht bemerken, die sich leicht zerbröseln läßt. Das ist die sogenannte Kambium-Schicht, die die Aufgabe hat, durch Zellteilung neue Baumschichten zu bilden. Diese innere Schicht hat eine besondere Bedeutung für das Leben eines Baumes. In ihr befinden sich spezialisierte Zellen, die für das Wachstum und die Ernährung verantwortlich sind. Bei der Entwicklung des Baumes bildet das Kambium nach innen Holzzellen, das sogenannte Xylem, und nach außen Bastzellen, das Phloem. Die äußere Schicht des Phloems stirbt ab und bildet die Rinde oder Borke. Im Kambium werden auch Nährstoffe, Aromastoffe, Vitamine und Mineralien gespeichert.

Der Stoffwechsel des Baumes

Eine Pflanze ernährt sich, indem sie über ihre Wurzeln Wasser und Mineralstoffe aus dem Boden aufnimmt, und durch die Photosynthese, die in ihren Blättern stattfindet. Sie bildet Kohlenhydrate (Zucker), Eiweißstoffe und Proteine, Fette und eine Vielzahl von Substanzen, die man als »sekundäre Pflanzenstoffe« bezeichnet.

Die sekundären Pflanzenstoffe

Während der Wert einer Pflanze für die Ernährung durch den Gehalt an Zucker, Eiweiß und Fett bestimmt wird, liegt ihre Bedeutung für die Medizin in den sekundären Pflanzenstoffen.

Aus dem Fettstoffwechsel entstehen die sogenannten Terpenoide – zu ihnen gehören die ätherischen Öle, Harze und Wachse.

Aus dem Einweißstoffwechsel stammen die Bausteine der stickstoffhaltigen Alkaloide.

Vom Kohlenhydratstoffwechsel geht auch die Bildung von aromatischen Verbindungen und Glykosiden aus. Diese vermag nur die Pflanze aufzubauen, Tiere und Menschen sind dazu nicht in der Lage; s e müssen die Stoffe mit der Nahrung aufnehmen.

Aromatische Verbindungen (Flavonoide) sind zum Beispiel die gelben, roten und blauen Blütenfarbstoffe und die Gerbstoffe. Der Mensch nutzt eine große Zahl der sekundären Pflanzenstoffe, von denen bislang über 8000 beschrieben, aber noch kaum erforscht sind: Pflanzen mit einem hohen Anteil an ätherischen Ölen liefern Gewürze (Petersilie, Kümmel, Anis, Rosmarin), Duftstoffe (Lavendelöl, Rosenöl) und Arzneimittel (Kamille, Pfefferminze).

Als Arzneimittel werden vor allem zahlreiche Alkaloide verwendet, wie zum Beispiel Morphin und Codein, Atropin, Opium und das Herzmittel Digitalis (Fingerhut).

Die sekundären Pflanzenstoffe bezeichnet man auch als das Immunsystem der Pflanze. Sie schützt sich damit gegen Klimaschwankungen, UV-Strahlen, Parasiten und schädliche Chemikalien. Diese Stoffe werden bei Bäumen in der Kambium-Schicht und auch in den Markstrahlen des Kernholzes gespeichert. So wird beim Lapacho-Baum das Lapachol, einer seiner Hauptwirkstoffe, in gelben Kristallen im Inneren der Rinde und im Holz abgelagert.

Im Lapacho-Tee, der ja aus den inneren Schichten der Rinde gewonnen wird, sind somit alle lebenswichtigen sekundären Pflanzenstoffe des Lapacho-Baumes vertreten. Hinzu kommen Mineralstoffe und Spurenelemente. Die meisten von ihnen sind hitzebeständig und wasserlöslich und gehen somit vollständig in die Teeabkochung über.

Der göttliche Baum

Bäume sind die größten Lebewesen der Erde und erreichen auch das höchste Alter. Sie gelten deshalb als Symbol für Lebenskraft und Leben schlechthin. Bäume überstehen Brände, Trockenheit und Stürme. Die Indianer bezeichen den Lapacho-Baum als »göttlichen Baum« und beziehen sich damit sowohl auf seine Stärke als auch auf seine Heileigenschaften. In allen Religionen der Welt wird Bäumen höchste Verehrung entgegengebracht. Sie gelten als göttliches Zeichen für das Leben und die Schöpfung.

In der Schöpfungsgeschichte der Bibel heißt es: »Gott… ließ allerlei Bäume wachsen… in der Mitte des Gartens den Baum des Lebens und den Baum der Erkenntnis von Gut und Böse.« Für die Germanen bildete die Esche Yggdrasil den Mittelpunkt der Welt. Die Esche spielt auch in einer indianischen Legende eine Rolle: Der Gott der Schöpfung schoß mit einem Pfeil auf eine Esche. Aus der Verletzung floß Blut und wuchs zu einem Menschen. Im Buddhismus gilt der Feigenbaum als göttlich; unter ihm soll Buddha seine Erleuchtung erfahren haben. Auch bei den Hindus ist der Feigenbaum heilig, im Islam ist es der Tuba-Baum.

In den Naturreligionen der indianischen Stämme glaubt man vielfach, daß in Bäumen eine Seele oder ein Geist wohnt. Die Heilkraft des Baumes wird als eine Wohltat verstanden, die die Naturgeister den Menschen zukommen lassen. Damit die Geister sie spenden, müssen sie gnädig gestimmt werden, indem man den Baum schützt und ihn schonend behandelt. Wenn Indianer einen Baum fällen müssen, rufen sie vorher die Geister an und fragen um Erlaubnis. Sie »entschuldigen« sich bei dem Baum und bringen Dankesopfer dar. Nie würden Indianer deshalb den Urwald roden und unzählige Pflanzen vernichten, nur um Acker- oder Weideland zu gewinnen – das bekanntlich ohnehin nach wenigen Jahren ausgelaugt und wertlos ist.

Vermutlich ist es genau dieser respektvolle und demütige Umgang mit der Natur, der die Indianer dazu befähigte, ihre Heilkräfte zu erkennen und zu nutzen.

Was ist Lapacho-Tee?

Um an das wertvolle Innere der Rinde zu gelangen, wird beim lebenden Lapacho-Baum ein Teil der Rinde abgeschält. Wenn das sachgerecht ausgeführt wird, nimmt der Baum keinen Schaden, die »Ernte« kann ein- bis zweimal im Jahr erfolgen. Inzwischen gibt es im Amazonas-Gebiet auch schon Plantagen, auf denen Lapacho-Bäume angepflanzt werden. Experten bevorzugen jedoch das Rindenmaterial wild wachsender Bäume, weil darin die meisten Heilstoffe enthalten sein sollen. Da die Bäume erst nach ungefähr 40 Jahren ausgereift sind, ist die Kultivierung in Plantagen zudem eine langwierige Angelegenheit. Trotzdem wird sich der Anbau rentieren, weil die Nachfrage nach Lapacho-Tee steigt; man kann nur hoffen, daß nicht Teile des Regenwaldes dafür gerodet werden. Da der rote Lapacho in Südamerika sehr häufig vorkommt, muß man so oder so wenigstens nicht befürchten, daß die medizinische Nutzung seinen Fortbestand bedroht.

Hier erhebt sich die Frage, wie denn eigentlich den Amazonas-Indianern, deren Erfahrung und Tradition wir den Lapacho-Tee verdanken und die das geistige Eigentum an ihm besitzen, der weltweit steigende Verbrauch dieses Heiltees zugute kommen könnte. Es ist nämlich nicht zu leugnen, daß die wirtschaftliche Nutzung des Regenwaldes den Indianern bisher fast nur geschadet hat.

Um das für die Zukunft zu verhindern, haben sich einige umweltbewußte Hersteller bestimmte ethische Prinzipien auferlegt. So zum Beispiel die US-amerikanische »Raintree«-Gruppe, ein Unternehmen, das über 100 verschiedene Heilpflanzen aus dem Regenwald vertreibt, darunter auch Lapacho-Tee. Unter dem Stichwort »schonende Nutzung« schließt Raintree mit Landbesitzern Verträge über das Recht, wildwachsende Pflanzen (oder Teile von ihnen) zu sammeln. Dabei arbeitet man mit lokalen Umweltgruppen und kommunalen Stellen zusammen, die versuchen, gefährdete Gebiete des Regenwaldes vor der Zerstörung zu bewahren. Ihnen und den Menschen, die in den Regionen leben, kommt ein finanzieller Gewinn zugute, der sie darin bestärkt, den Regenwald zu erhalten. Die eigentliche Erntearbeit wird durch die örtlichen Dörfer oder Stammesgemeinschaften organisiert und durchgeführt. Der wirtschaftliche Gewinn durch die Nutzung nachwachsender Pflanzen ist dabei für die Menschen wesentlich höher, als wenn der Wald für den Anbau von Nutzpflanzen gerodet würde. Man schätzt, daß gerade die Einheimischen durch das Wildernten ein acht- bis zehnmal so hohes Einkommen erzielen können wie durch die Arbeit auf den Plantagen.

Es wäre allerdings etwas zu gutgläubig und romantisch zu meinen, der bei uns erhältliche Lapacho-Tee stamme ausschließlich von wildwachsenden Bäumen, denen einheimische Indianer in schonender Weise ein bißchen Rinde abgenommen haben. Da der Lapacho-Baum, den man auch südamerikanische Eiche nennt, ein wichtiger Lieferant von Bauholz ist, wird Lapacho-Tee auch ganz prosaisch aus der Rinde gewonnen, die bei der Holzverarbeitung in den Sägewerken abfällt. Das ist zwar keine so schöne Vorstellung wie die von mächtigen, lebenden Regenwaldbäumen inmitten des Dschungels, aber das Verfahren ist völlig in Ordnung. Die Rinde würde sonst allenfalls als Brennmaterial dienen, und nun wird aus ihr ein Heilmittel gewonnen. Beruhigend ist es auch zu wissen, daß nicht wegen des Konsums von Lapacho-Tee eigens Bäume gefällt werden. Allerdings muß sichergestellt sein, daß es sich bei dem Rohmaterial tatsächlich um die wenigen Arten handelt, bei denen eine medizinische Wirkung erwiesen ist.

Echtheit und Qualität

Die große Popularität des Lapacho-Tees und die in den letzten Jahren vor allem in den USA stark angestiegene Nachfrage haben leider dazu geführt, daß die Qualität der vertriebenen Produkte nicht immer gleich gut ist. Amerikanische Naturheilärzte beklagen, daß heutzutage viele Rindenverschnitte von verschiedenen Arten des Lapacho-Baumes und auch von anderen, mit dem Lapacho-Baum gar nicht verwandten Bäumen von Südamerika aus nach Nordamerika exportiert werden. Diese enthalten nur sehr wenig oder gar nichts von den Inhaltsstoffen, auf die die Heilwirkungen des echten Lapacho-Tees zurückzuführen sind.

Auf dem nordamerikanischen Markt tauchten sogar schon Mahagoni-Späne auf, die als Lapacho-Tee beziehungsweise Pau D'Arco vertrieben wurden. Bis auf den rötlichen Farbton und einen ähnlichen Geruch hatten sie nichts mit originalem Lapacho-Tee gemeinsam. Bereits 1987 wurde in den USA eine chemische Analyse von zwölf verschiedenen Lapacho-Teesorten durchgeführt, die sich im Handel befanden. Nur bei einer der untersuchten Proben konnte Lapachol, einer der wichtigsten Wirkstoffe des Lapacho-Tees, nachgewiesen werden. Alle anderen enthielten kein Lapachol in meßbaren Mengen. Da der Lapachol-Gehalt des echten Lapacho-Tees normalerweise zwischen zwei und sieben Prozent liegt, kann es sich bei diesen Produkten nicht um echten Lapacho-Tee gehandelt haben – oder er war durch die Herstellung und Lagerung wertlos geworden.

Die meisten Forschungsarbeiten und Veröffentlichungen zum Thema Lapacho-Tee beruhen auf Untersuchungen des Rindeninneren. Bei vielen der im Handel erhältlichen Lapacho-Produkte ist nicht klar, ob sie wirklich nur aus der inneren oder doch auch aus der äußeren Rinde hergestellt werden. Das Rohmaterial wird zum größten Teil aus den südamerikanischen Sägewerken geliefert, die den Lapacho-Baum entrinden und als Bauholz aufbereiten. Es werden mindestens zehn verschiedene Tabebuia-Arten in der holzverarbeitenden Industrie verwendet – das mag die schwankende Qualität der in den Verkauf gebrachten Ware erklären. Wir erinnern uns, daß nur wenige der über 100 Tabebuia-Arten, nämlich T. impetiginosa, T. avellanedae, T. heptaphylla, T. serratifolia und T. rosea medizinisch genutzt werden können. Sowohl die Erfahrungen der Amazonas-Indianer als auch die der modernen Forschung beziehen sich ausschließlich auf diese Lapacho-Arten.

Man braucht sich also nicht zu wundern, wenn Konsumenten und naturheilkundliche Ärzte oft zu höchst unterschiedlichen Ergebnissen bei der Anwendung von Lapacho-Tee kommen. Nun ist zwar aus Deutschland noch kein Fall von gefälschtem Lapacho-Tee bekannt, bei weiter ansteigender Nachfrage kann sich das positive Bild aber möglicherweise schnell ändern.

Wichtig: die Herkunft

Es lohnt sich auf jeden Fall, das Kleingedruckte auf der Verpackung zu lesen und zu überprüfen, ob Sie tatsächlich echten Lapacho-Tee in den Händen halten oder eine nahezu wertlose Fälschung. Echter Lapacho ist von kräftiger roter Farbe, riecht aromatisch mit einem leichten Vanilleton und ist von feiner Konsistenz. Die Späne sind nicht dicker als ungefähr einen Millimeter und nicht länger als zirka einen Zentimeter. Seriöse Hersteller garantieren die Echtheit, teilweise unter Angabe des entsprechenden Artennamens (zum Beispiel »aus der inneren Rinde des T. impetiginosa«). Neu auf dem Markt sind Lapacho-Extrakte mit einem standardisierten, das heißt festgelegten und gleichbleibenden Gehalt an Lapachol und anderen Naphtachinonen. Diese Extrakte sind möglicherweise in der Qualität zuverlässiger als der lose Tee, aber auch sehr viel teurer. Zu bedenken ist außerdem, daß im echten Lapacho-Tee nicht nur diese Substanzen, sondern noch sehr viele andere enthalten sind und – auch im Wechselspiel untereinander – zu seiner Heilwirkung erheblich beitragen. Je näher das Produkt also an der ursprünglichen Pflanze ist, um so besser ist es auch.

Was Sie beim Kauf beachten sollten

Seriöse Hersteller haben natürlich ein Eigeninteresse daran, hochwertige Ware zu verkaufen. Aber auch sie sind möglicherweise vor unsauberen Importen nicht völlig geschützt.

- Erkundigen Sie sich im Zweifelsfall nach Qualitätskontrollen.
- Kaufen Sie Ihren Lapacho-Tee nur in Fachgeschäften

wie Reformhäusern, Gesundheitsläden oder Naturkost-
geschäften. Auch manche Apotheken führen ihn in
ihrem Sortiment.

- Nehmen Sie lieber Abstand von Billigangeboten. Auch
  qualitativ sehr hochwertiger Lapacho-Tee ist nicht sehr
  viel teurer als die entsprechende Menge eines guten
  Schwarztees.
- Falls Sie unsicher sind oder das Gefühl haben, daß bei
  Ihnen der Lapacho-Tee auch nach längerer Einnahme
  nichts bewirkt, wechseln Sie zu einem anderen Hersteller oder Importeur.

Verpackung, Haltbarkeit und Lagerung

Lapacho-Tee sollte luftdicht verpackt sein. Das beste – und
natürlichste – Material dafür ist eine Tüte aus kräftigem
Papier, die eventuell außen beschichtet sein kann. Plastik
ist nicht geeignet. Auf der Verpackung sollten Name und
Anschrift, eventuell auch die Telefonnummer des Herstel-
lers vermerkt sein, und sie sollte mit einem gut erkennba-
ren Haltbarkeitsdatum versehen sein. Manche Hersteller
geben auch die Chargen-Nummer an, aus der hervorgeht,
aus welcher Importlieferung der Rohstoff stammt. Man
sollte auf das Haltbarkeitsdatum achten, obwohl der Tee
sehr lange haltbar ist und meist auch noch über das Ver-
fallsdatum hinaus verbraucht werden kann. Kaufen Sie jedoch ein Produkt, das bald »abläuft«, dann wissen Sie
nicht, ob die Ware nicht schon sehr lange, unter Umständen bei zu hohen Temperaturen, gelagert worden ist. Wie
andere Teesorten auch, kann der Lapacho-Tee nach dem
Öffnen der Packung an Aromastoffen verlieren; er sollte
deshalb am besten in ein dunkles, verschließbares Schraub-
glas umgefüllt werden. Dosen aus Blech sind nicht so gut

zur Aufbewahrung geeignet, da sie oxidieren können. Bei trockener und kühler Lagerung bleibt der Tee dann noch einige Wochen frisch und im Vollbesitz seiner Inhalts- stoffe. Es ist aber sinnvoll, wenn Sie immer nur die Menge einkaufen, die Sie in einem Zeitraum von ungefähr drei bis vier Wochen auch verbrauchen. Wenn Sie durchschnittlich drei Tassen pro Tag trinken, sind das pro Person zirka 75 bis 100 Gramm. Für die Verpackung und Lagerung von La- pacho-Tee in Teebeuteln gilt das gleiche wie für den losen Tee. Ein Beutel reicht für die Zubereitung von ungefähr zwei Tassen.

Die richtige Zubereitung

Am gebräuchlichsten ist die Verwendung von Lapacho-Tee – wie der Name schon sagt – als Tee. Der Tee kann heiß, warm oder kalt getrunken und mit verschiedenen Beiga- ben wie Honig, Zucker, Milch oder Sahne verfeinert wer- den. Das Teerezept ist auch die Grundlage für Bäder, Auf- lagen und Kompressen.

Zusätzlich zum losen Tee sind im Handel Kapseln und Ta- bletten erhältlich, die den Vorteil haben, daß man sie auch auf Reisen und in Situationen einnehmen kann, in denen es schwierig ist, sich einen Tee frisch zu kochen. Enthalten die Kapseln jedoch nur Teepulver, sind sie kaum von Wert, da die menschliche Verdauung viele der Heilsubstanzen nicht aus dem Pulver herauslösen kann.

Lapacho-Tinktur (manchmal auch Elixier genannt) ist ein alkoholischer Auszug aus Lapacho, den Sie fertig kaufen, aber auch selbst herstellen können.

Das Grundrezept für den Tee

Das Grundrezept für den Lapacho-Tee ist eine sogenannte Abkochung, wie sie für die Teezubereitung aus den harten Teilen einer Pflanze (Rinde, Wurzeln, Holz) üblich ist. Das Kochen ist notwendig, damit sich die Inhaltsstoffe lösen und in das Wasser übergehen können. (Die weichen Teile einer Pflanze, also frische oder getrocknete Blätter oder Blüten, überbrüht man dagegen nur mit kochendem Wasser und läßt sie anschließend ziehen.) Amerikanische Experten weisen darauf hin, daß der Lapacho-Tee mindestens acht bis zehn Minuten kochen muß, damit die Inhaltsstoffe tatsächlich verfügbar werden. In deutschen Veröffentlichungen findet sich manchmal die Anweisung, den Tee nur fünf Minuten kochen zu lassen, ihn dann von der Kochstelle zu nehmen und noch 15 Minuten nachziehen zu lassen. Da die Amerikaner eine sehr viel längere Erfahrung in der Anwendung von Lapacho haben, ist im Zweifelsfall die von ihnen empfohlene Kochzeit zu berücksichtigen.

1. Setzen Sie in einem Topf 3/4 Liter Wasser auf und geben Sie einen gehäuften Eßlöffel Lapacho-Tee hinzu.
2. Lassen Sie den Tee kräftig aufkochen.
3. Schalten Sie die Hitze herunter und lassen Sie den Tee für acht bis zehn Minuten bei geschlossenem Deckel weiterkochen.
4. Nun nehmen Sie den Topf vom Feuer und lassen den Tee noch weitere zehn Minuten ziehen.
5. Seihen Sie den Tee durch ein sehr feines Sieb in eine Kanne oder Thermoskanne ab.

Praktische Hinweise

Zum Kochen des Tees sind Töpfe aus Aluminium oder Zinnlegierungen nicht geeignet, denn es könnten unter Umständen chemische Reaktionen auftreten, die die Wirkung des Lapacho-Tees mindern.

Ideal ist ein Gefäß aus feuerfestem Glas, aber auch Edelstahltöpfe sind akzeptabel.

Das sorgfältige Abseihen ist beim Lapacho-Tee sehr wichtig. Ein normales Teesieb ist dafür zu grobmaschig, denn das Rindenmaterial ist sehr bröselig und enthält neben den faserigen Spänen auch sehr feine, pulverartige Bestandteile, die ein Haushaltsteesieb passieren.

Gut geeignet ist ein sogenanntes Haarsieb; sie können den Tee aber auch durch Tee-Filtertüten abseihen.

Oft hört man Klagen, der Lapacho-Tee schmecke doch sehr bitter. Das kommt vor, wenn die winzigen Schwebeteilchen nicht sorgfältig genug abgeseiht wurden. Wenn man den Tee nicht sofort trinkt, wird er im Lauf der Zeit immer bitterer, besonders wenn man ihn in einer Thermoskanne warmhält.

Keine Zeit?

Alles in allem dauert die Zubereitung des Lapacho-Tees ungefähr 30 Minuten. Dies könnte für manchen hektischen Zeitgenossen schon eine Barriere darstellen: Wie soll ich morgens, wenn ich es eilig habe, auch noch eine halbe Stunde lang Tee kochen? Zugegeben, es geht schneller, eine Tablette einzunehmen oder Kaffee zu kochen. Jedoch ist es auch ein Alarmzeichen, wenn Sie das Gefühl haben, diese halbe Stunde Zeit, die Sie letztlich für Ihre Gesundheit aufwenden, sei schon »nicht drin«. Vermutlich ist auch nie die Zeit für die regelmäßige Gymnastik da, von Schwimmen und Wandern ganz zu schweigen. Salat, frisches Gemüse – Fast Food geht schneller. Wenn Sie zu den Zeitgenossinnen gehören, die sich ständig gehetzt fühlen und nie Zeit für die Durchführung »dieser ganzen Gesundheitstips« haben, denken Sie doch einmal spielerisch über die folgenden Fragen nach:

Wofür sparen Sie die Zeit, wenn sie sich beeilen und abhetzen?

Gewinnen Sie nicht umgekehrt viel Lebenszeit, wenn Sie etwas für sich und Ihre Gesundheit tun? Aber genug der Moral. Noch zwei praktische Tips:

Sie können den Lapacho-Tee für den nächsten Tag bereits am Abend zubereiten und in einer Thermoskanne heiß halten. Er schmeckt zudem auch lauwarm oder kalt sehr gut.

Während der zehnminütigen Kochzeit können Sie unter die Dusche gehen; während der Tee zieht, kleiden Sie sich in Ruhe an. Dann ist der Lapacho-Tee fertig, wenn Sie zum Frühstück bereit sind.

Lapacho-Tee in der Heilkunst verschiedener Kulturen

Die ältesten Arzneien der Menschen sind pflanzlichen Ursprungs. Seit jeher sammelten unsere Vorfahren Blätter, Früchte, Beeren, Wurzeln und Rinden. Dies war notwendig für das Überleben, denn die Pflanzen bildeten die Hauptnahrungsquelle. Unsere Vorfahren waren über Jahrtausende in der Frühgeschichte fast völlige Vegetarier, Fleisch stand sehr selten auf der Speisekarte.

Die ersten medizinischen Wirkungen von Pflanzen wurden sicherlich im Zuge ihrer Verwendung als Nahrungsmittel mehr oder weniger durch Zufall entdeckt, und dieses Wissen wurde dann von Generation zu Generation weitergegeben. Die ersten Heilkundigen der Menschheit, die Medizinmänner oder Schamanen, waren Spezialisten der Naturheilkunde. Sie nutzten die Pflanzen, die sie in ihrem Lebensraum vorfanden, um Verletzungen zu behandeln und Krankheiten zu heilen. In Asien waren und sind prominente Heilpflanzen zum Beispiel Ingwer oder Ginseng, in Europa die Kamille oder der Beinwell. In den Regenwäldern entdeckten die Indianer die Heilwirkungen des Lapacho-Baumes, aber auch des Mate-Tees oder der Glycyrrhiza-Wurzel. Auch der rote Sonnenhut, aus dem das Echinacin gewonnen wird, stammt ursprünglich aus Mittelamerika und wurde von den Indianern dort bereits vor Jahrhunderten zur Vorbeugung gegen Erkältungskrankheiten eingesetzt.

Lapacho in der Medizin der Indianer

Die Indianer in Brasilien, Nordargentinien, Paraguay und Bolivien gebrauchen Lapacho seit Hunderten, vielleicht Tausenden von Jahren zu Heilzwecken. Erste Hinweise darauf stammen aus der Zeit vor den Inkas. Bevor die Spanier Südamerika eroberten, verwendeten die Guarani und besonders die Tupi-Namba-Stämme Lapacho-Tee in großen Mengen. Im Hochland der Anden setzten die Callaways, die Quedina, Aymara und andere Stämme Lapacho-Tee gegen chronische und akute körperliche Beschwerden ein.

Lapacho wurde und wird in der südamerikanischen Volksmedizin innerlich und äußerlich zur Behandlung von Fieber, Infektionen, Erkältungen, Syphilis, Krebs, Atemwegserkrankungen, Hautgeschwüren, Ruhr, Magen-Darm-Problemen jeglicher Art, chronischen Krankheiten wie Rheuma und Darmentzündungen und bei Durchblutungsstörungen angewendet. Es gibt auch Berichte von Heilungen durch Lapacho bei eigentlich als unheilbar geltenden Erkrankungen wie Lupus erythematodes (ein bösartiges Hautekzem), Diabetes, Morbus Hodgkin, Osteomyelitis (Knochenmarkentzündung) und Parkinsonscher Erkrankung.

Er wird angewandt zur Schmerzlinderung, Bakterienvernichtung, Steigerung des Harnflusses und sogar als Gegengift nach Schlangenbissen. Diese vielfältigen Verwendungen entsprechen denen des in der westlichen Welt eingesetzten Echinacin oder der Ginseng-Wurzel in Asien. Nur scheint Lapacho beide möglicherweise zu übertreffen, speziell was sein Potential bei der Krebsbehandlung betrifft. Nicht umsonst wird der Lapacho-Baum bei den Guarani- und Tupi-Indios »Tajy« genannt, was soviel bedeutet wie »Kraft und Energie haben« oder einfach »Zauberbaum«.

Interessant ist, daß in Südamerika Stämme, die Tausende von Kilometern entfernt voneinander lebten, heilkundliche Zubereitungen aus der Rinde der Tabebuia-Bäume kannten. Das mag daran liegen, daß das Holz der prächtigen Bäume sehr hart und witterungsbeständig ist; viele Stämme benutzen es zur Herstellung von Bögen für die Jagd. Einige volkstümliche indianische Namen für den Lapacho-Baum bedeuten denn auch in der Übersetzung »Bogenholz« oder »Pfeilholz«. Manche Indianerstämme bezeichnen den Baum auch als »Taheebo«, was Ameisenholz bedeutet und sich darauf bezieht, daß der Baum nicht von Ameisen und Termiten befallen wird. Noch heute ist das Kernholz der Lapacho-Bäume von Zimmerleuten begehrt, denn es gehört zu den härtesten und haltbarsten Hölzern der Tropen und des Regenwaldes. Es wird für die Konstruktion von Häusern, für Parkettböden, Zäune und im Schiffsbau verwendet.

Man kann sich nun gut vorstellen, wie es irgendwann vor langer Zeit passierte, daß Indianer des Regenwaldes die beim Schnitzen von Pfeil und Bogen abgeschälten Rindenstückchen des Lapacho-Baumes näher betrachteten, vielleicht kauten und einen interessanten Geschmack feststellten. Die Naturvölker waren ja laufend auf der Suche nach Eßbarem und in anderer Form Verwertbarem in der Natur. Sie waren (und sind) sozusagen Meister in der Abfallvermeidung und im Experimentieren mit Verwendungsmöglichkeiten der Naturstoffe. Bei der Nutzung des Lapacho-Tees als Getränk haben sie dann im Laufe der Zeit festgestellt, daß er hilft, Kranke gesunden zu lassen.

Ein Wundermittel?

Die Brasilianer bezeichnen den Lapacho als göttlichen Baum. Überliefert sind Heileigenschaften bei einer Fülle von Erkrankungen und Beschwerden. Die Aufzählung ist beeindruckend. Lapacho wird innerlich und äußerlich angewendet bei:

Fieber, Infektionen, Erkältungskrankheiten, Hautgeschwüren, Schlangenbissen, Warzen, Magen-Darm-Beschwerden aller Art wie Durchfall, Magenschleimhautentzündung, Darmentzündungen, sowie bei Durchblutungsstörungen, Verbrennungen, Pilzinfektionen, Parasiten, Allergien und sogar Syphilis, Malaria, Diabetes, Krebs und der Parkinsonschen Erkrankung.

Ein wahres Wundermittel also, das gegen alles und jedes hilft?

Das kann man so nun auch nicht sagen. Veröffentlichungen zum Lapacho-Tee, aber auch zu anderen Entdeckungen aus der Medizin der Natur erwecken zwar manchmal den Anschein, es handele sich bei den Substanzen um ein Allheilmittel, was zu Recht beim Leser ein gesundes Mißtrauen hervorruft. Um jedoch die Heilerfolge der Medizinmänner der Indianer, der Schamanen, mit Kräutern und eben auch Substanzen wie dem Lapacho-Tee zu verstehen, muß man etwas über ihr Krankheitsverständnis und ihre Behandlungsmethoden wissen.

Diese unterscheiden sich fundamental von den westlichen, naturwissenschaftlich orientierten Vorgehensweisen. Wenn wir uns einen hartnäckigen Schnupfen zuziehen, der auf Hausmittel allein nicht mehr anspricht, gehen wir zum Arzt. Dieser verschreibt uns zum Beispiel ein Nasenspray und eventuell auch ein Antibiotikum, wenn er feststellt, daß eine bakterielle Entzündung vorliegt. Wir nehmen diese Mittel nach Vorschrift ein, trinken viel und legen uns zum Schwitzen ins Bett. Nach ein paar Tagen ist der Schnupfen hoffentlich geheilt, und wir können endlich wieder unseren täglichen Pflichten nachgehen. So weit, so gut. Wir wissen vielleicht noch, daß Schnupfen durch Viren ausgelöst wird, mit denen unser Immunsystem fertig werden muß, und daß Schwitzen und Bettruhe die körpereigenen Abwehrkräfte unterstützen.

Wir verwenden jedoch wenig Gedanken auf die – an sich naheliegende – Frage, *warum* wir ausgerechnet zu diesem Zeitpunkt den Schnupfen bekamen, und warum Freunde und Kollegen, die den gleichen Viren ausgesetzt waren, nicht erkrankt sind. Offensichtlich war deren Immunsystem stärker als unseres. Warum aber funktioniert unser Immunsystem mal besser, mal schlechter? Viren und Bakterien sind allgegenwärtig, doch warum sind wir nicht andauernd krank?

Eine moderne Richtung der Medizin, die sich mit dieser Frage beschäftigt, ist die Psycho-Neuro-Immunologie. Sie kam zu dem erstaunlichen Ergebnis, daß bei Streß und großer psychischer Belastung wie Angst oder Trauer die Zahl der Immunzellen im Blut deutlich abnimmt. Das konnte in wissenschaftlichen Studien eindeutig nachgewiesen werden und erklärt, warum Menschen in streßreichen Phasen öfter erkranken. (Es erklärt aber nicht, *warum* Menschen in Streß geraten ...)

Die Heilkunst der Schamanen

Was hat das nun mit den Schamanen zu tun, werden Sie vielleicht inzwischen fragen. Der Ethnologe Everard Im Thurn schreibt bereits 1883: »Die Macht des Schamanen hängt von seinem Wissen über die Heilkraft bestimmter

Kräuter ab. Seine wichtige Rolle erhält er aber erst dadurch, daß er sowohl für den Körper als auch für den Geist verantwortlich ist, also gleichermaßen als Arzt und Priester fungiert.«

In der Auffassung der Schamanen können Krankheiten viele Ursachen haben: Möglicherweise ist der Kranke verzaubert worden, hat ein Tabu gebrochen oder durch böse Gedanken den Zorn der Geister erregt. Die schamanische Behandlung des Patienten besteht nur in einfachen Fällen allein aus der Verabreichung von Kräutern und anderen Substanzen, und es kommt dabei selten vor, daß er nur ein einziges pflanzliches Mittel benutzt. Der österreichische Ethnobotaniker Dr. Thomas David beschreibt in seinem Buch »Medizin der Schamanen« eine Teemischung, die von den Amazonas-Indianern noch heute angewendet wird. In ihr sind die Bestandteile von 19 verschiedenen Regenwaldpflanzen enthalten. Insbesondere bei schwerwiegenderen Krankheiten beschwört der Schamane zusätzlich die Geister und Götter, tanzt um den Patienten herum, schlägt Trommeln und brennt Räucherstäbchen ab, um die Geister zu besänftigen. Durch Handauflegen versucht er, die bösen Kräfte aus dem Körper zu ziehen, oder er verbrennt symbolisch ein Kleidungsstück oder Haarbüschel des Erkrankten. Dies ist mehr als reine Magie, denn man kann sich vorstellen, daß das intensive Bemühen des Schamanen beim Kranken die Zuversicht und die Hoffnung auf Heilung bestärkt.

So beschreibt der Amazonas-Forscher Mark J. Plotkin ein Heilungsritual wie folgt:

»Der Schamane beugte sich über den kranken Mann, wedelte mit den Händen und rief Beschwörungsformeln. Dann kniete er neben dem Patienten nieder, und einen Moment schien es fast so, als wolle er ihn bei der Kehle packen. Als ich genauer hinschaute, sah ich allerdings, daß er den Patienten überhaupt nicht berührte, sondern vielmehr Bewegungen machte, als würde er irgend etwas aus dem Hals des Kranken entfernen. Deutlich war zu erkennen, wie sich die Muskeln am Rücken des Schamanen spannten, während er augenscheinlich versuchte, den bösen Geist aus dem verhexten Indianer herauszuziehen. Er wiederholte diese Bewegungen viermal, und als er das unsichtbare Böse endlich in seinen Händen zu halten schien, stieß er einen gewaltigen Schrei aus, lehnte sich zurück und warf es symbolisch aus dem Rundhaus heraus. Gleich darauf kamen die Frauen hinzu und geißelten den Patienten vorsichtig mit Zweigen eines Pfefferbusches, um die Reinigung zu vollenden, während der Schamane erschöpft in seine Hängematte fiel.« (Plotkin: Heilung aus dem Regenwald, S. 244).

Zusätzlich zu seinen Heilungsritualen verordnet der Schamane Diäten, nimmt Massagen vor, arbeitet mit Hypnose und Suggestion und verlangt nicht selten, daß der Patient seine Einstellungen und seine Lebensweise ändert. Mit modernen Worten kann man es so ausdrücken: Die schamanische Behandlung ist ganzheitlich, bezieht Körper und Seele ein und stärkt die Selbstheilungskräfte.

Wenn wir also lesen, daß die Schamanen der Amazonas-Indianer mit dem Lapacho-Tee auch Krankheiten wie Rheuma, Gicht und Diabetes geheilt haben, so sollte uns dabei klar sein, daß sie mit Sicherheit einem zuckerkranken Mitglied ihres Stammes nicht *allein* Lapacho-Tee zu trinken gegeben haben. Sie werden den Patienten mit Sicherheit auch verschiedenen Heilungsritualen unterzogen, ihm eine Diät verordnet und ihn zu einer gesünderen Lebensweise aufgefordert haben.

Nicht jedes Kraut hilft

Die botanische Artenvielfalt des Regenwaldes bringt von einer Pflanze meist unzählige Varianten und Unterarten hervor. Allein zur Familie der Lapacho-Arten, der Tabebuiae, gehören, wie bereits erwähnt, über 100 verschiedene Vertreter. Nicht alle besitzen jedoch Heileigenschaften, und es bedarf auch heute noch einer besonderen Erfahrung, die richtige Spezies zu bestimmen. Die Schamanen wußten außerdem, daß man viele Pflanzen nur zu einer bestimmten Tages- oder Jahreszeit und an bestimmten Standorten sammeln darf, um tatsächlich heilkräftiges Material zu erhalten. Sie begründeten das zum Beispiel mit der Aktivität von Naturgeistern, die nicht zu allen Zeiten und an allen Orten gleich günstig sei – ein Argument, das der moderne, rationale Mensch belächeln mag. Tatsächlich hat aber die moderne Laborbiologie bewiesen, daß der Wirkstoffgehalt von Pflanzen in Abhängigkeit von Klima und Bodenbeschaffenheit stark schwankt. Viele Blüten enthalten kurz nach dem Aufblühen die höchste Konzentration an wirkungsvollen Inhaltsstoffen, bei manchen ist das am Morgen der Fall, bei anderen erst mittags, wenn die Sonne einige Zeit geschienen hat.

Die Schamanen haben diese Zusammenhänge nicht nur intuitiv erkannt. Im Laufe von Jahrhunderten sammelte sich ein ungeheuer präzises Wissen über die Heileigenschaften bestimmter Blätter, Rinden, Blüten und Wurzeln an, welches hochdifferenziert den Standort, die Bodenbeschaffenheit und auch das Alter der Pflanzen berücksichtigt. Die heilkundigen Schamanen wandern unter Umständen stundenlang durch den Urwald und gehen an vielen Heilpflanzen vorbei, ohne etwas einzusammeln – bis sie plötzlich die richtige Stelle und Varietät gefunden haben. Dies geschieht nach einem Schema, welches westlichen

Botanikern und Pharmakologen bislang ein Buch mit sieben Siegeln ist.

Lapacho bei den Wikingern?

Die Verwendung von Lapacho war möglicherweise nicht nur auf die tropischen Länder beschränkt. Vorislacv Todorovic, ein Wissenschaftler aus dem ehemaligen Jugoslawien, hat Beweise für den Gebrauch der Pflanze bei den Wikingern gefunden. Man kann nur darüber spekulieren, wie die Wikinger an den tropischen Baum geraten sind; viele Historiker sind jedoch davon überzeugt, daß sie schon ungefähr im 8. Jahrhundert – lange vor Kolumbus – den amerikanischen Kontinent auf dem Wasserweg erreichten. Auch berichtet Todorovic, daß ein russischer Chemiker im späten 18. Jahrhundert eine Zahnpasta herstellte, die Lapacho enthielt und besonders wirksam zur Vorbeugung gegen Karies gewesen sein soll.

Forschungsarbeiten zu Lapacho-Tee

Über Lapacho wird seit langem geforscht. Bereits im Jahr 1873 waren sich die Mediziner auf dem südamerikanischen Kontinent der heilenden Wirkung des Lapacho bewußt.

Frühe wissenschaftliche Arbeiten

In diesem Jahr schrieb Dr. Joaquin Almeida Pinto in einem Fachartikel:

»Pau D'Arco: Medizinische Wirkungen: wird als ein fiebersenkendes Mittel verschrieben sowie gegen Geschlechtskrankheiten und rheumatische Erkrankungen und insbesondere auch gegen Hauterkrankungen wie Ekzeme, Herpes und Schuppenflechte.« Ein anderer Mediziner berichtete, daß Lapacho »die starken Schmerzen, die bei Krebserkrankungen auftreten, eliminiert und die Produktion der roten Blutkörperchen im Körper vermehrt« – eine Erkenntnis, die Jahre später durch die medizinische Forschung bestätigt wurde. Im Jahre 1884 isolierte E. Paterno den aktiven Bestandteil Lapachol; 1896 bestimmte er die chemische Formel von Lapachol. L. F. Fieser konnte den Wirkstoff 1927 im Labor synthetisieren, das heißt künstlich herstellen. Man kann also nicht behaupten, daß Lapacho-Tee eine moderne Entdeckung der neunziger Jahre sei.

Die exakte, systematische wissenschaftliche Erforschung des Lapacho-Tees begann in Argentinien mit Theodoro

Meyer (1896–1972), welcher über Jahre hinweg versuchte, die Weltöffentlichkeit über den Wert des Lapacho bei der Infektions- und Krebsbehandlung aufzuklären. Leider blieb ihm die Anerkennung versagt. Unterlagen und Daten aus seinem Labor bezeugen eine erstaunliche Erfolgsrate des Lapacho-Tees bei der Behandlung von Dutzenden von verschiedenen Krebserkrankungen. Verglichen mit den modernen Standards der Forschung waren seine Methoden allerdings ein wenig naiv. So fehlten zum Beispiel Kontrollgruppen, das heißt Vergleichspatienten mit Krebs, die ohne Lapacho-Tee behandelt wurden. Auch verwendete er keine statistischen Auswertungsmethoden. Andererseits ist es auch verständlich, daß ein Arzt, der seine Patienten heilen will, niemandem das Mittel, von dessen Wirkung er überzeugt ist, verweigert, nur um wissenschaftlichen Vorschriften zu genügen. Ein Konflikt, der noch heute aktuell ist.

Jedoch wies die enorme Zahl von Meyers Untersuchungen darauf hin, daß diese Pflanze aus dem Regenwald wirklich über enorme Eigenschaften verfügt.

Theodoro Meyer starb 1972 an Herzversagen. Er hat zwar bis zu seinem Tod die Schulmedizin nicht von der Wirksamkeit des Lapacho-Tees überzeugen können, aber er hat es geschafft, und das ist sein großes Verdienst, die ganze Welt auf Lapacho-Tee aufmerksam zu machen und die Heilpflanze über die Grenzen des Amazonasgebietes hinaus bekannt zu machen.

Unabhängig von Theodoro Meyer bemühte sich der brasilianische Arzt Dr. Orlando dei Santi in den sechziger Jahren um den Lapacho-Tee, nachdem er von Eingeborenen viel über die wundersamen Heilkräfte der Pflanze bei Krebs erfahren hatte. Anlaß war, daß sein Bruder an Krebs erkrankt im Santo Andrea Brasil Hospital lag. Die Ärzte hatten ihn bereits aufgegeben. Dr. Orlando dei Santi behandelte seinen Bruder mit Lapacho-Tee, und das Wunder trat ein: der Patient genas. Daraufhin therapierte dei Santi auch andere Krebspatienten des Hospitals mit Lapacho-Tee. Kollegen schlossen sich ihm an, und nach einigen Monaten konnte das Ärzteteam mehrere Fallgeschichten von Heilungen verzeichnen. Der typische Verlauf war meistens so, daß zunächst die Schmerzen sehr schnell abnahmen und in manchen Fällen sogar alle Beschwerden binnen vier Wochen völlig verschwunden waren.

Wegen dieser Erfolge am städtischen Krankenhaus von Santo Andrea, einer mittelgroßen Küstenstadt nördlich von São Paulo, wurde die Einnahme von Lapacho-Tee zur Standardbehandlung von verschiedenen Krebserkrankungen und vielen Infektionskrankheiten in medizinischen Einrichtungen von ganz Brasilien eingesetzt.

Der Durchbruch in der Öffentlichkeit

Am 18. März 1967 erschien eine Ausgabe der seriösen brasilianischen Zeitschrift »O Cruzeiro« mit dem Leitartikel *Fallberichte beweisen die Entdeckung eines Heilmittels für Krebs*. Der Artikel beschrieb, wie Krebspatienten durch die Einnahme von rotem Lapacho-Tee geheilt worden waren. Der Bericht beruhte auf den Arbeiten des Botanikprofessors Dr. Walter Arcosi aus São Paulo, dem verschiedene Fallgeschichten zu Ohren gekommen waren. Er verfolgte die Spuren der geheilten Patienten und stellte fest, daß eine ganze Reihe von Ärzten in Brasilien Krebs erfolgreich mit Lapacho-Tee behandelte. So traf er auch auf die Ärzte des Städtischen Krankenhaus von Santo Andrea. Er war erstaunt, dokumentiert zu sehen, wie Krebsgeschwülste sich zurückgebildet hatten, die Patienten fast schmerzfrei wurden und sogar noch bei hoffnungslosen Fällen eine völlige Genesung erreicht werden konnte.

Nach der Veröffentlichung in »O Cruzeiro« wurde Arcosi geradezu belagert von Leuten, die nach Lapacho-Tee und seinen Verwendungsmöglichkeiten fragten. Alsbald verbreiteten sich die Neuigkeiten über das »Wundermittel« auch in den Nachbarländern von Brasilien.

Maria Adela Vera

Der berühmteste Fall einer Krebstherapie mit Lapacho-Tee ist wohl der der kleinen, zum Zeitpunkt der Behandlung fünf Jahre alten Maria Adela Vera. Sie wurde von Dr. Prats Ruiz, einem praktischen Arzt in der argentischen Anden-Provinz Tucaman behandelt. Maria Adela litt an einer Art Leukämie. Ihren Eltern hatte man im Krankenhaus mitgeteilt, der Zustand der kleinen Patientin sei hoffnungslos.

Das Laborbild von Marias Blut hatte sich permanent verschlechtert. Am 15. Juli 1967 zählte man bei ihr nur noch drei Millionen Erythrozyten (rote Blutkörperchen) und 60 000 Thrombozyten (Blutplättchen, wichtig für die Blutgerinnung). Maria wurde in die Privatklinik von Dr. Ruiz überwiesen, der sie mit Lapacho-Tee behandelte. Nach einer Woche ging es dem kleinen Mädchen bereits sehr viel besser. Am 21. Juli 1967 hatte sich ihr Blutbild auf 3,8 Millionen rote Blutkörperchen verbessert, die Anzahl der Thrombozyten hatte sich auf 120 000 verdoppelt. Am 5. August lag ihre Thrombozytenzahl bei 135 000. Obwohl sie sich im August eine Erkältung einfing, von der sie sich aber ohne Komplikationen erholte, verbesserte sich ihr gesundheitlicher Zustand weiter. Im September ergab der Laborbefund die Anzahl von 4,2 Millionen roten Blutkörperchen und 160 000 Blutplättchen. Maria konnte aus der Klinik nach Hause zu ihren Eltern entlassen werden.

Als in Brasilien geradezu ein Lapacho-Enthusiasmus aus-
brach, versuchten Vertreter der orthodoxen Schulmedizin
gegenzusteuern. Man munkelt, daß dabei sogar große
Pharmakonzerne die Hand im Spiel gehabt hätten, weil sie
um den Absatz ihrer Erzeugnisse fürchteten.

Bald nach dem Erscheinen des Cruzeiro-Artikels wurden in der Klinik von Santo Andrea Zettel angeschlagen,
auf denen mitgeteilt wurde, Lapacho-Tee (Pau D'Arco, wie
er in Amerika heißt) sei nicht mehr erhältlich. Außerdem
verfügte die Leitung des Krankenhauses von Santo Andrea, daß die Ärzte, die an den Behandlungen beteiligt
waren, keine weiteren öffentlichen Aussagen zu diesem
Thema machen durften. Ursprünglich hatte die Kliniklei-
tung jedoch zugesagt, der Zeitschrift eine komplette Doku-
mentation der Krankengeschichten von Krebspatienten
zur Verfügung zu stellen. Trotz des Widerstands von seiten
der Klinik gelang es den Reportern von »O Cruzeiro« aber,
in ganz Brasilien eine Vielzahl von Patienten aufzuspüren,
die bereit waren, die therapeutische Wirkung des Lapacho-Tees zu bezeugen.

Lapacho in der modernen Forschung

Mittlerweile gibt es eine Fülle von modernen wissenschaftlichen Untersuchungen mit Lapacho-Tee. Wenn es
auch vielleicht etwas »trocken« erscheint, sich damit zu be-
fassen, so ist es doch wichtig. Denn Papier ist geduldig,
und man kann viel behaupten, und zu Recht besteht auch
Mißtrauen gegenüber Wundermitteln, die den Markt über-
fluten. Das gilt vor allem dann, wenn die Hoffnungen von
Patienten, die an heute noch unheilbaren Krankheiten wie
Krebs, Rheuma, Aids oder Diabetes leiden, durch unwirk-
same und überteuerte Mittel ausgebeutet werden.

Die meisten Forschungsarbeiten beziehen sich auf die mögliche Antitumor-Aktivität von Lapacho-Tee und seinen Inhaltsstoffen. Man kann ganz grob drei verschiedene Vorgehensweisen unterscheiden:

- Im Laborversuch wird die Wirkung von Substanzen auf Zellkulturen überprüft.
- Im Tierversuch werden die Substanzen bei Labor-Tieren erprobt. In der Krebsforschung verwendet man dafür in der Regel Mäuse oder Ratten, bei denen bestimmte Tumorarten künstlich erzeugt wurden. (Die ethische Problematik von Tierversuchen steht hier nicht zur Debatte.)
- Erst in sogenannten klinischen Studien werden die Substanzen oder Medikamente dann auch erkrankten Menschen gegeben.

Die Untersuchung durch das
National Cancer Institute (NCI)

1970 veranlaßte das National Cancer Institute (die nationale Krebsbehörde der USA, abgekürzt NCI) die einzige offizielle klinische Studie, die mit dem Wirkstoff Lapachol durchgeführt wurde. An ihr nahmen 21 Patienten teil. 19 von ihnen litten an fortgeschrittenen Tumoren, zwei hatten Leukämie. Sie erhielten Lapachol in einer Dosierung von 250 bis 3750 Milligramm täglich. Obwohl die Studie nur zum Ziel hatte, die pharmakologischen Effekte der Medikation und etwaige Nebenwirkungen zu erfassen, stellten die Forscher bei einer Patientin mit metastasierendem Brustkrebs fest, daß sich Metastasen in den Knochen zurückgebildet hatten.

Sie beobachteten jedoch auch, daß Lapachol in einer hohen Dosierung von 1500 Milligramm oder mehr pro Tag unerwünschte Nebenwirkungen wie Übelkeit, Erbrechen und erhöhte Blutungsneigung erzeugte. Diese Begleiterscheinungen verschwanden allerdings sofort, wenn das Lapachol abgesetzt wurde. In Tierversuchen, die man vor der klinischen Studie durchgeführt hatte, hatte man aber herausgefunden, daß eine Konzentration von 35 Millionstel Gramm pro Milliliter Blut erreicht werden mußte, damit das Lapachol Effekte zeigte. Die Forscher kamen nun zu dem Schluß, daß es nicht möglich sei, bei den Patienten diese therapeutisch wirksame Lapachol-Konzentration im Blutplasma zu erzielen, ohne gleichzeitig eine Störung der Blutgerinnung und starke Übelkeit zu bewirken.

Daraus zog das NCI die Konsequenz, daß Lapachol ungeeignet sei für die Krebstherapie bei Menschen. Lapachol wurde zu allem Überfluß auch noch aus dem Untersuchungsprogramm für die Erforschung alternativer Krebsheilmittel gestrichen. Diese Entscheidung wurde von vielen Seiten kritisiert.

- Erstens wird darauf hingewiesen, daß Patienten, die den Lapacho-Tee trinken, damit weitaus geringere Mengen an Lapachol aufnehmen als die Mega-Dosen, die in der NCI–Studie verwendet wurden.
- Zweitens könnten die beobachteten Nebenwirkungen relativ leicht beherrscht werden, etwa durch die Gabe von Vitamin K, wie es bereits im Labor mit Erfolg getestet wurde. Der Hauptautor der NCI-Studie, Dr. J. B. Block, schreibt zudem: »Lapachol zeigte eine antitumorale Aktivität… wobei die Patienten die Toxizität nur in geringem Umfang spürten. Es traten keine Nebenwirkungen am Knochenmark, in der Leber oder den Nieren auf.«

Dr. Block und seine Kollegen von der medizinischen Fakultät der Universität von Los Angeles forderten eine erneute Untersuchung von Lapachol.

- Drittens halten es die meisten naturheilkundlich orientierten Ärzte und Wissenschaftler für einen Kardinalfehler, daß das NCI nur einen einzelnen Bestandteil des Lapacho-Tees untersucht hat, um dann daraus zu schließen, daß die gesamte Pflanze medizinisch unbrauchbar sei.

Neuere Untersuchungen, die in Schottland durchgeführt wurden, ergaben, daß im Lapacho-Tee zwölf verschiedene Chinone (ein anderes natürliches Chinon ist zum Beispiel Vitamin K) enthalten sind (zu denen auch das Lapachol gehört), die synergistisch zusammenwirken und die therapeutisch viel mehr erbringen als Lapachol allein.

An einer anderen klinischen Studie mit Lapachol, die in Südamerika durchgeführt wurde, nahmen neun Krebspatienten teil. Alle hatten bereits eine konventionelle Krebsbehandlung erhalten. Den Patienten wurde Lapachol in einer Dosierung von 20 bis 30 Milligramm pro Kilo Körpergewicht gegeben, die Therapie dauerte 20 bis 270 Tage, mit einem Durchschnitt von zwei Monaten. In dieser Zeit kam es bei zwei Patienten zu einer Besserung der Erkrankung, ein Patient wurde geheilt. Dies ist immerhin eine Erfolgsquote von einem Drittel, die die konventionelle Krebstherapie oft nicht erreicht. Die Patient(inn)en, denen geholfen werden konnte, hatten Leberkrebs, Hautkrebs mit Metastasen an der Gebärmutter und Mundkrebs. Bei allen neun Patienten verbesserte sich jedoch die Befindlichkeit, insbesondere hatten sie weniger Schmerzen. Bei einigen, aber nicht bei allen Patienten traten Nebenwirkungen wie Übelkeit, Schwindel und Durchfall auf.

Labor- und Tierversuche

Die Zahl der Laborversuche, die mit Bestandteilen des Lapacho-Tees durchgeführt wurden, ist kaum noch zu
überblicken. Auch hier gilt das Hauptinteresse der Forscher allerdings fast ausschließlich dem Lapachol.

Stellvertretend für die Vielzahl von wissenschaftlichen Ar-
tikeln seien hier zwei Zusammenfassungen von Arbeiten
aus dem Englischen übersetzt.
    Titel: »Die Untersuchung von Pflanzen der argentini-
    schen Volksmedizin auf ihre antimikrobiotische Akti-
    vität«
    Autoren: Anesini, C.; Perez, C.
    Einrichtung: Institut für Pharmakologie, Naturwissen-
    schaftliche Falkultät, Universität von Buenos Aires, Ar-
    gentinien
    Zeitschrift: Journal of Ethnopharmacology 1993

Die Forscher untersuchten 132 Extrakte, die aus argentinischen Heilpflanzen gewonnen wurden (darunter auch Lapacho-Tee), hinsichtlich ihrer Wirkung gegen Bakterien
und Mikroorganismen. Hierzu verwendeten sie penizillin-
resistente Stämme des Staphylococcus aureus (Bakterien,
die vor allem Hautinfektionen auslösen), Escherichia coli
(Koli-Bakterien) und Aspergillus niger (eine Schimmelpilz-
art). Die Wirkung der pflanzlichen Mittel wurde mit der
von chemischen Antibiotika wie Ampicillin und Cephazo-
lin verglichen.
    Unter den Teeabkochungen, die aus den Pflanzen herge-
stellt wurden, erwiesen sich zwölf Arten als aktiv gegen
Staphylococcus aureus, zehn waren wirksam gegen Escherichia coli und vier gegen Aspergillus niger. Die Rinde von
Tabebuia impetiginosa (dem Lapacho-Baum) gehörte zu

den aktivsten und wirkungsvollsten Substanzen in dieser Untersuchung.

Titel: »Das antimikrobiotische Potential einiger Pflanzen aus der Familie der Bigoniaceen«
Autoren: Binutu, O. A.; Lajubutu, B. A.
Einrichtung: Abteilung für Pharmakologie, Universität von Idaban, Nigeria
Zeitschrift: African Journal of Medical Sciences 1994

Die nigerianischen Wissenschaftler untersuchten alkoholische Auszüge aus den Blättern und der Rinde von vier Bigoniaceen-Pflanzen, darunter Tabebuia rosea (rosa Lapacho), hinsichtlich ihrer Wirkung gegenüber einer großen Gruppe von grampositiven und gramnegativen Bakterien und Pilzen.

Die Extrakte zeigten eine breite antimikrobiotische Aktivität. Die Forscher stellten fest, daß die Auszüge aus der Rinde der Pflanzen wirksamer waren als die aus den Blättern gewonnenen Testsubstanzen. Weitere phytochemische Untersuchungen der Extrakte zeigten, daß sie Tannine (Gerbstoffe), Flavonoide, Alkaloide, Chinone und Saponine enthalten, auf die die antimikrobiotische Aktivität zurückgeführt werden kann.

Einige Resultate anderer Untersuchungen seien nur ganz kurz skizziert:

• Ein Extrakt aus der gesamten Lapacho-Rinde tötete Krebszellen in Zellkulturen ab. Der Extrakt regte die Aktivität von Makrophagen (Freßzellen, die zum Immunsystem gehören) an. Er verringerte auch das Auftreten von Lungen-Metastasen bei Labormäusen. Die Autoren der Studie sind davon überzeugt, daß Lapacho–Extrakt das

Immunsystem stärkt und eine zytotoxische, das heißt zelltötende Wirkung hat.

- Mäuse, bei denen man künstlich Leukämie erzeugt hatte, lebten nach einer neuntägigen Behandlung mit Lapachol fast doppelt so lang wie eine Kontrollgruppe von nicht-behandelten Mäusen.

- In einer in Deutschland durchgeführten Untersuchung fand man im Lapacho-Tee neun verschiedene Substanzen, die einen anregenden Effekt auf menschliche Immunzellen hatten. Daraus könnte man schließen, daß Lapacho-Tee deshalb gegen Bakterien, Viren und Krebszellen wirkt, weil er das Immunsystem aktiviert.

Die wertvollen Bestandteile

Bei im Labor künstlich hergestellten Medikamenten handelt es sich um einzelne, isolierte chemische Verbindungen. Ein prominentes Beispiel ist die Acetylsalicylsäure (Aspirin), die interessanterweise auch pflanzlichen Ursprungs ist. Sie kommt in der Weidenrinde vor und wurde schon von den alten Römern als Schmerzmittel und gegen Entzündungen eingesetzt. Natürliche Heilpflanzen enthalten jedoch eine Fülle verschiedener Substanzen. Beim Lapacho-Tee konnten bislang über 25 Inhaltsstoffe isoliert und beschrieben werden. Von einigen dieser Stoffe weiß man bisher noch sehr wenig, was ihre möglichen Heileigenschaften betrifft. Hinzu kommt, daß die spezifische Wirkung einer Heilpflanze immer viel mehr ist als die einfache Addition der Wirkung ihrer einzelnen Inhaltsstoffe. Die Stoffe verstärken und verändern sich gegenseitig.

So können bekanntlich auch viele Vitamine im Labor künstlich erzeugt werden. Trotzdem raten Experten dazu, solche Präparate nur zur Nahrungsergänzung einzunehmen und den Hauptbedarf an den lebenswichtigen Vitaminen durch den Verzehr von frischem Obst, Gemüse, Vollkorn- und Milchprodukten zu decken. Denn man geht davon aus, daß speziell die Farb- und Aromastoffe, die die Vitamine in diesen Lebensmitteln auf natürliche Weise begleiten, ihre Wirkung entscheidend erhöhen, wenn nicht sogar erst ermöglichen. Diese Zusammenhänge sind bisher erst in Ansätzen erforscht.

Bei der Erforschung des Lapacho-Tees und seiner vielfältigen Heilanwendungen hat man, wie gesagt, bisher unzählige Substanzen gefunden, die allein oder in ihrem Zusammenwirken eine Heilwirkung haben können. Lapacho-Tee
ist reich an Mineralstoffen und Spurenelementen, pflanzlichen Farb- und Aromastoffen sowie Gerbstoffen und
Saponinen. Auch Vitamine sind in ihm enthalten. Unter anderem finden sich in einem Gramm Lapacho-Tee im Durchschnitt:

Name	Menge in 1 g Lapacho-Tee (Durchschnittswerte)	Tagesbedarf*
Vitamin A	37 Internationale Einheiten	800 I.E.
Vitamin C	7 mg	100 mg
Vitamin B$_2$	0,9 mg	1,2 mg
Kalzium	8,3 mg	800 mg
Eisen	5 mg	15 mg
Chrom	in Spuren	keine Empfehlung
Selen	in Spuren	keine Empfehlung

* nach Empfehlungen der Deutschen Gesellschaft für
Ernährung

Lapacho enthält außerdem unter anderem Spuren von
Arsen, Kobalt, Mangan, Magnesium, Silizium, Zinn und
Zink, um die Wichtigsten zu nennen.

Dabei kommt es nicht allein auf die absolute Menge dieser Inhaltsstoffe, sondern auf ihre charakteristische Kombination an. Man muß sich dabei vor Augen halten, daß die
einzelnen Substanzen miteinander Wechselwirkungen eingehen und sich dabei gegenseitig verstärken beziehungsweise auch verändern. Dieses Zusammenwirken wird auch
als Synergie bezeichnet. Ein kleines Beispiel aus dem All-

tag mag dies verdeutlichen: Für sich allein genommen, sind Wasser und Seife beim Waschen nur begrenzt hilfreich. Erst wenn man sie zusammenbringt, findet eine chemische Reaktion statt, die den waschwirksamen Schaum entstehen läßt.

Mineralstoffe und Spurenelemente

Lapacho-Tee enthält viele lebenswichtige Mineralstoffe und Spurenelemente. Zu nennen sind vor allem Kalzium und Eisen, nämlich 50 bis 80 Gramm Kalzium pro Kilo Rindenmaterial und 250 bis 500 Milligramm Eisen. Die Mengenangaben in der Literatur schwanken stark, weil das Ergebnis davon abhängt, welche Probe man untersucht. Wie bei allen Pflanzen ist die Konzentration von bestimmten Substanzen natürlichen Schwankungen und Abweichungen unterworfen – etwa durch Klimaeinflüsse, die Jahreszeit und die Beschaffenheit des Bodens.

Kalzium

Kalzium ist wichtig für die Festigkeit und das Wachstum der Knochen. Eine Unterversorgung des Körpers mit Kalzium ist einer der Hauptrisikofaktoren für Osteoporose, das Brüchigwerden der Knochen. Kalzium ist zudem unerläßlich für die Zellfunktionen, die Muskelkontraktion und die Weiterleitung von Reizen über die Nervenbahnen. Kalziummangel kann somit die Zellfunktionen vor allem der Muskeln und Nerven erheblich stören.

Der tägliche Kalziumbedarf liegt bei 800 bis 1000 Milligramm. Diese Menge wird häufig unterschritten, wie ernährungswissenschaftliche Untersuchungen ergaben.

Wichtige Kalziumlieferanten sind Milchprodukte, Hülsenfrüchte und grüne Gemüsesorten.

Eisen

Eisen ist unerläßlich für den Transport des Sauerstoffs im Blut. Die roten Blutkörperchen benötigen Eisen, um den Sauerstoff an sich zu binden und zu den Zellen zu bringen. Eisenmangel ist vor allem bei Frauen weit verbreitet, weil sie durch die Menstruation monatlich Blut und damit Eisen verlieren. Der Tagesbedarf für Erwachsene beträgt 15 Milligramm, für schwangere Frauen 30 bis 60 Milligramm. Eine Unterversorgung mit Eisen hat »Blutarmut«, das heißt Eisenmangelanämie, zur Folge. Die Betroffenen sind blaß, fühlen sich oft erschöpft und müde und sind anfälliger gegenüber Infektionen. Eisen ist hauptsächlich in Vollkornprodukten, Innereien, Eiern und Fisch enthalten.

Selen

Das Spurenelement Selen kommt im Boden vor und wird von Pflanzen aufgenommen. In Deutschland, wie allgemein in weiten Teilen Mittel- und Nordeuropas, sind die Böden sehr arm an Selen, weshalb Ernährungswissenschaftler empfehlen, dieses Mineral zusätzlich zuzuführen. Selen ist im Lapacho-Tee zwar nur in Spuren enthalten, allerdings benötigt der Organismus auch nur geringe Mengen von diesem Spurenelement, die sich im Bereich von Mikrogramm (millionstel Gramm) bewegen.

Selen hat eine große Bedeutung für die Gesundheit. Es gehört zu den sogenannten Antioxidantien, die den Organismus vor schädlichen Sauerstoffradikalen schützen.

Diese auch als Freie Radikale bezeichneten Atome – Ozon gehört zum Beispiel dazu – schädigen die Zellen und tragen etwa zur Hautalterung bei. Sie entstehen durch die Umweltverschmutzung, beim Rauchen und auch bei Streß. Man nimmt heute an, daß Selen vor Organschäden durch Freie Radikale schützen kann und möglicherweise auch das Krebsrisiko mindert. Bei der Krebsbehandlung wird Selen oft zusätzlich gegeben, weil es die Nebenwirkungen der Strahlen- und Chemotherapie mildert. Das Spurenelement spielt auch eine wichtige Rolle bei der Entgiftung des Körpers von Schwermetallen wie zum Beispiel von Quecksilber (Amalgam) und Kadmium.

Chrom

Das Metall Chrom ist als Spurenelement in winzigen Mengen für die Aktivität vieler Enzyme lebenswichtig. Enzyme (früher wurden sie auch Fermente genannt) starten und beschleunigen fast alle biologischen Prozesse im menschlichen Körper, zum Beispiel den gesamten Stoffwechsel und die Hormonausschüttung. Chrommangel ist bislang unbekannt, so daß nur darüber spekuliert werden kann, was passiert, wenn der Körper zuwenig Chrom bekommt.

Vitamine

Im Lapacho-Tee wurden die Vitamine A, B_2 (Riboflavin) und C nachgewiesen. Da Vitamin C sehr hitzeempfindlich ist und sich bei Lagerung schnell verflüchtigt, spielt es beim Lapacho-Tee – entgegen manchen anderslautenden Behauptungen – keine Rolle. Vitamin A ist fettlöslich, die B-Vitamine sind jedoch hitzebeständig und wasserlöslich und gehen beim Kochen in den Teeaufguß über. Riboflavin (Vitamin B2) spielt eine wichtige Rolle beim Energiestoffwechsel, das heißt bei der Umwandlung von Kohlenhydraten, Fetten und Eiweißen in eine vom Körper verwertbare Energieform. Riboflavin ist auch bei der Hormonerzeugung durch die Nebennieren beteiligt. Hier werden die körpereigenen Kortikosteroide produziert, die bei der Abwehr von Entzündungen eine zentrale Funktion haben. Anzeichen für einen Riboflavinmangel sind trockene, spröde Lippen und Lichtempfindlichkeit der Augen.

Gerbstoffe

Lapacho-Tee hat einen hohen Gehalt an Gerbstoffen, je nach Herkunft zwischen zehn und 20 Prozent. Gerbstoffe sind adstringierend, das heißt, sie ziehen das Gewebe zusammen und drosseln die Durchblutung. Dadurch wirken sie entzündungshemmend und abschwellend. Zudem verkleben sie Proteine (Eiweißstoffe) zu stabilen Verbindungen, die von Mikroben und Bakterien nicht mehr verwertet werden können. Es entsteht quasi ein Schutzfilm gegen das Eindringen von Krankheitserregern.

Gerbstoffe sind von besonderer Bedeutung bei der Behandlung von akuten und chronischen Durchfallerkrankungen und Darmentzündungen. Neben ihrem adstringierenden Effekt, der die Darmschleimhaut stabilisiert, entziehen sie dem Darminhalt Wasser und dicken ihn dadurch ein.

Auch Entzündungen der Mundschleimhaut, Hautekzeme und schlecht heilende Wunden sprechen sehr gut auf Gerbstoffe an. Man vermutet überdies, daß manche Gerbstoffe den Herzmuskel kräftigen können.

Saponine

Saponine, auch Seifenstoffe genannt, verändern die Oberflächenspannung von Wasser und somit zum Beispiel die Konsistenz von Schleim in den Atemwegen, der dadurch besser abgehustet werden kann. Die im Lapacho-Tee enthaltenen Saponine werden als Schaum sichtbar, wenn man den fertigen Tee kräftig schüttelt. Von pflanzlichen Saponinen sind außerdem antibiotische, krebshemmende und cholesterinsenkende Eigenschaften bekannt. Das Lapacho-Saponin soll zudem dazu beitragen, daß andere Heilsubstanzen leichter über die Wände des Dünndarms in den Blutkreislauf gelangen. Dies könnte erklären, warum Lapacho-Tee die Wirksamkeit anderer Naturheilmittel erhöht.

Sekundäre Pflanzenstoffe

Besonders wichtig bei pflanzlichen Heilmitteln, also auch beim Lapacho, sind die natürlichen Farb- und Aromastoffe, welche nur Pflanzen enthalten. Sie sind Teil ihres Immunsystems, das heißt, sie wehren schädigende Einflüsse ab und schützen die Pflanze vor Erkrankungen durch Bakterien, Viren, Pilze und Parasiten, aber auch vor Klimaschwankungen, Hitze und Kälte und anderen äußeren Belastungen, wie sie zum Beispiel durch die Umweltverschmutzung in Form von Säuren und Giften verursacht werden können.

Lapachol

Das Lapachol gilt als einer der potentesten Wirkstoffe, die im Lapacho-Tee enthalten sind. Es gehört, wie das Chinin, zur Gruppe der Alkaloide. Ihm gilt das Hauptinteresse der Forschung, da Lapachol zytotoxische Eigenschaften hat, das heißt gegen durch Krebs entartete Zellen wirkt.

Die Pharmakologie von Beta-Lapachol und Lapachol

Das Chinon Beta-Lapachol wird aus Lapachol gewonnen. Dieses ist ein sogenanntes Naphtachinon, das vom argentinischen Lapacho-Baum der botanischen Gattung *Tabebuia avellanedae* gewonnen werden kann. Beta-Lapachol enthält eine Substanz, die das Enzym mit dem Namen DNS-Topoisomerase I hemmt. Forscher haben herausgefunden, daß diese biochemische Verbindung die Vermehrung von Viren und Krebszellen steuert.

Die Topoisomerase-Hemmer, darunter auch das Beta-Lapachol, scheinen sehr wirksam gegen bestimmte Krebsformen zu sein, wie Lungen-, Brust-, Dickdarm- und Prostatakrebs und Melanome (Hautkrebs). Die Verabreichung von reinem Beta-Lapachol beim Menschen zeigte zunächst sehr starke toxische Nebenwirkungen. Jedoch erwies sich eine leichte Veränderung in der chemischen Formel (zum sogenannten 3-allyl-beta-lapachol) in ersten Laboruntersuchungen mit Zellkulturen als weniger toxisch (giftig) und könnte eine Zukunftsperspektive sein.

Die zytotoxische Wirkung des Lapachols

Beta-Lapachol wirkt auf folgende Weise: Es unterbricht die Replikation der DNS. Die DNS-Replikation oder Verdoppelung ist die Grundlage des Zellwachstums. Die DNS ist der Träger allen Erbmaterials. Viren sind zum Beispiel deshalb so gefährlich, weil sie in die körpereigenen Zellen des Wirtes eindringen und diese zwingen, statt der körpereigenen DNS die des Virus herzustellen. Wäre dies nicht der Fall, wären Viren völlig harmlos.

Das Enzym mit dem Namen Topoisomerase hat bei der Zellteilung die Aufgabe, die DNS zu »glätten«, das heißt, sie aus ihrer Spiralform zu bringen. Dieses Glätten ist die Voraussetzung dafür, daß die Zelle die genetische Information lesen und mit entsprechenden Proteinen die DNS nachbauen, also verdoppeln kann. Beta-Lapachol, so die Forschungsergebnisse, hemmt das Enzym Topoisomerase, so daß die DNS spiralförmig aufgewickelt bleibt. Als Ergebnis wird das Wachstum der Zelle gestoppt. Da Krebszellen sehr viel schneller wachsen als gesunde Zellen und sich mit größerer Geschwindigkeit teilen, sind sie gegenüber einer Topoisomerase-Hemmung sehr viel anfälliger. Beta-Lapachol stört in gleicher Weise auch die Vermehrung von Viren, wie zum Beispiel von Herpes- und Aids-Viren, und vermag dadurch das Fortschreiten der Erkrankungen zu verlangsamen.

Lapachol gehört zu den pflanzlichen Substanzen, die als sogenannte Naphtachinone (N-Faktoren) bekannt sind. Andere wichtige sekundäre Pflanzenstoffe im Lapacho-Tee gehören der Klasse der Anthrachinone (A-Faktoren) an. Es ist in der Natur relativ selten, daß sowohl N- als auch A-Faktoren in einer Pflanze vorkommen, wie der amerikanische Pharmakologe Dr. M. Mowry feststellt. Einige der bemerkenswerten Wirkungen des Lapacho-Tees resultieren möglicherweise aus dem Zusammenspiel von N- und A-Faktoren.

Des weiteren tragen auch Veratrumsäure, Xylodion und andere Flavonoide (Geschmacks- und Aromastoffe), die im Lapacho-Tee enthalten sind, zu seiner Wirksamkeit bei Infektionen und der Behandlung von Tumoren bei. Xylodion wurde erst vor kurzem als eine Substanz entdeckt, die sehr wirksam gegen Pilzinfektionen ist, insbesondere gegen den sehr weit verbreiteten Hefepilz Candida albicans. Xylodion hat ebenfalls, wie Lapachol, starke antivirale und antibakterielle Eigenschaften.

Neben- und Wechselwirkungen

Zweifellos ist Lapacho-Tee für viele Arten von Bakterien, Viren, Pilzen, Parasiten und sogar Krebszellen sehr giftig. Nach dem Motto der Schulmedizin »Was Wirkungen hat, hat auch Nebenwirkungen« wäre zu befürchten, daß die im Lapacho-Tee enthaltenen Substanzen auch gesunde Zellen im menschlichen Körper schädigen könnten. Bisher lassen sich darauf jedoch keinerlei Hinweise finden, so daß die amerikanische Gesundheitsbehörde Food and Drug Control Association (FDA) dem Lapacho-Tee auch eine Unbedenklichkeitsbescheinigung ausstellte.

Allenfalls bei übermäßigem Gebrauch können sich leichte Übelkeit, Hautrötungen und Durchfall einstellen. Diese Symptome verschwinden aber sofort, wenn man die Dosierung herabsetzt, und hinterlassen keine bleibenden Schädigungen.

Die gelegentlich auftretende Übelkeit hat dabei wahrscheinlich auch mit der entgiftenden Wirkung des Lapacho-Tees zu tun. Wenn die Giftstoffe aus dem Gewebe gelöst werden, zirkulieren sie noch eine Weile im Blutkreislauf, bevor sie (mit Urin oder Schweiß) ausgeschieden werden, und können durchaus vorübergehend Schwindel und Unwohlsein auslösen.

Etwas anders sieht die Sache aus, wenn man das Lapachol isoliert und in relativ hohen Dosierungen verabreicht. In der bereits erwähnten einzigen klinischen Studie mit Krebspatienten, in der reines Lapachol verwendet wurde, kam es bei einigen Patienten zu starker Übelkeit und Störungen der Blutgerinnung, worauf der Versuch frühzeitig abgebrochen wurde. Allerdings läuft niemand Gefahr, bei der Anwendung des Lapacho-Tees als Getränk, Bad oder Umschlag derartig hohe Lapachol-Mengen aufzunehmen – auch nicht bei einem Konsum von mehreren Litern täglich.

Schon im Jahre 1972 wurde eine interessante Untersuchung über die mögliche Giftigkeit von Lapachol durch Forscher der nordamerikanischen Pharmafirma Chase Pfizer & Co., Inc. veröffentlicht. Sie interessierten sich speziell für das Lapachol und fanden im Tierversuch heraus, daß alle Anzeichen von Toxizität komplett reversibel und sogar »selbstbegrenzend« waren. Reversibel bedeutet, daß nach dem Absetzen alle Symptome aufhörten und keine bleibenden Schäden etwa der Niere und der Leber zu verzeichnen waren. Selbstbegrenzend meint, daß die Symptome im Laufe der Zeit von selbst weniger wurden und sogar völlig aufhörten.

Die schwerwiegendsten Nebenwirkungen, die bei den Tieren beobachtet wurden, waren ein sinkender Vitamin-K-Spiegel*, Blutarmut und ein signifikanter Anstieg von

---

* Vitamin K wird zur Bildung von Blutgerinnungsfaktoren in der Leber benötigt. Bei einem Vitamin-K-Mangel ist die Blutgerinnungsfähigkeit gestört. In der Folge kann es zu Nasen- und Zahn-

Stoffwechselabfallprodukten und toxischen Eiweißstoffen im Blut. Diese – objektiv im Labortest nachgewiesen – Nebenwirkungen verringerten sich im Verlauf von einigen Tagen und kamen schließlich zum Erliegen. Das kann als Beweis dafür verstanden werden, daß Lapacho-Tee in den Körperzellen einen sofortigen Entgiftungsprozeß auslöst. Erst wenn die Zellen »gereinigt« sind, normalisieren sich auch wieder die Blutwerte. Ein solcher Effekt tritt besonders in der Naturheilkunde relativ häufig auf und wird auch als Heilreaktion bezeichnet.

Unerwünschte, nachteilige Wechselwirkungen von Lapacho-Tee mit anderen Heilmitteln sind bis heute nicht bekannt geworden. Vielmehr ist das Gegenteil der Fall: Lapacho-Tee scheint die Effektivität von anderen Medikamenten und Naturheilmitteln zu erhöhen. Deshalb wird oft empfohlen, Lapacho-Tee zusätzlich zu anderen Heilmitteln einzunehmen.

Aus klinischen Untersuchungen und Aufzeichnungen über Behandlungen mit Lapacho-Tee geht hervor, daß die Pflanze viele der unerwünschten Nebenwirkungen chemischer pharmazeutischer Medikamente beseitigt. Diesen

fleischbluten und Blutungen im Darm kommen. Vitamin K ist besonders in Kohl und Brokkoli enthalten und wird auch von im menschlichen Darm lebenden gutartigen Bakterien erzeugt. Ein Vitamin-K-Mangel tritt deshalb auch nach einer längeren Behandlung mit chemischen Antibiotika auf. Da Neugeborene noch nicht über eine voll entwickelte Darmflora verfügen, erhalten sie nach der Geburt Vitamin K. Interessant am Lapacho-Tee ist, daß er offenbar sowohl Substanzen enthält, die das Vitamin K zerstören, als auch solche, die Vitamin K schützen. Zu vermuten ist, daß sich diese beiden Mechanismen gegenseitig aufheben – möglicherweise mit der Ausnahme, daß im Bedarfsfall durchaus eine das Vitamin K schützende Aktivität des Lapacho-Tees in den Vordergrund tritt.

Vorgang kann man noch nicht im einzelnen erklären, aber Lapacho mildert zum Beispiel Schmerz, Haarausfall, Übelkeit und Störungen im Immunsystem, die bei der Krebsbehandlung durch Chemo- und Strahlentherapien auftreten.

Die Wirkung des Lapacho-Tees

Die Heileigenschaften und Wirkungen des Lapacho-Tees sind vielfältig, aber nicht immer eindeutig zu definieren und zu beweisen. Das liegt an der unterschiedlichen Qualität der Veröffentlichungen und Berichte über seine medizinische Verwendung. Nur in sehr wenigen Fällen wurden sogenannte kontrollierte klinische Studien, wie sie in der Arzneimittelforschung der Schulmedizin üblich sind, durchgeführt, um den Lapacho-Tee gezielt bei Patienten mit Erkrankungen zu untersuchen. Es ist natürlich ein Unterschied, ob Aussagen auf Einzelfallberichten basieren oder auf einer gezielten wissenschaftlichen Untersuchung an einer großen Zahl von Patienten. Das ist allerdings ein Problem der gesamten Naturheilkunde.

Die Raintree Group, Inc., ein Zusammenschluß von führenden Herstellern und Vertreibern von Naturheilprodukten, bemüht sich darum, Forschungsarbeiten zu Heilpflanzen aus dem Amazonas-Regenwald zu dokumentieren und zu publizieren. Man wertete über 470 einschlägige Veröffentlichungen über die Heileigenschaften von Regenwaldpflanzen aus. (Die Liste dieser Veröffentlichungen kann über das Internet eingesehen werden.) Zum Lapacho-Tee, der in Nordamerika besser unter dem Namen Pau D'Arco bekannt ist, ergibt sich hier folgende Übersicht:

Dokumentierte Wirkungen des Lapacho-Tees

Lapacho-Tee wirkt
- antibakteriell; er tötet Bakterien ab oder hemmt ihre Vermehrung
- antiviral; er tötet Viren ab oder hemmt ihre Vermehrung
- antimykotisch; er tötet Pilze ab oder hemmt ihr Wachstum
- gegen Parasiten
- entzündungshemmend; er mildert und stoppt entzündliche Prozesse
- analgetisch; er lindert Schmerzen
- entgiftend und abführend; er fördert die Ausscheidung von Giftstoffen
- antioxidativ: Antioxidantien wehren zellschädigende Freie Radikale ab
- immunstimulierend; er regt die Abwehrkräfte des Körpers an

Aus diesen Eigenschaften ergeben sich die Anwendungsmöglichkeiten des Lapacho-Tees bei verschiedenen Erkrankungen. Welche Inhaltsstoffe der Lapacho-Rinde im einzelnen für die heilenden Wirkungen verantwortlich sind, ist bisher nur zum Teil bekannt. Wie bei allen Heilpflanzen liegt der Erfolg nicht nur in der Wirkung isolierter Substanzen, sondern vor allem in der Kombination vieler Inhaltsstoffe. Diese Kombination ist der Grund für die »Breitbandwirkung« des Lapacho-Tees wie auch anderer pflanzlicher Therapeutika.

Erkrankungen, bei denen über eine Heilungswirkung von Lapacho-Tee berichtet wird

Bei den nachfolgend genannten Beschwerden konnten Patienten eine Besserung oder Heilung durch die Anwendung von Lapacho-Tee erzielen. Das darf man aber nicht so verstehen, daß der Heiltee in jedem Fall gegen Erkrankungen hilft, und auch nicht, daß er die einzige medizinische Maßnahme bei der Behandlung gewesen ist. Das gilt insbesondere für schwere Krankheiten wie Krebs oder Diabetes, die immer eine ärztliche Therapie nötig machen.

Abwehrkräftemangel
Allergien
Aids, HIV-Infektion
Arthritis (Entzündungen in den Gelenken)
Atemwegserkrankungen
Candida-albicans-Infektionen
    (Pilzerkrankungen des Darms)
Diabetes
Durchblutungsstörungen
Dysenterie (bakteriell bedingter Durchfall)
Ekzeme
Erkältungen, grippale Infekte
Erkrankungen des Dickdarms
Fieber
Funktionsstörungen der Leber
Gastritis (Magenschleimhautentzündung)
Geschwüre der Haut
Harnwegsinfektionen
Husten
Hodgkinsche Erkrankung (Lymphknotenkrebs)
Krebs

Leukämie
Lupus erythematodes (schwere Hautentzündung durch
    Überreaktion des Immunsystems)
Magenbeschwerden
Magengeschwüre
Malaria
Parkinsonsche Erkrankung
Pilzinfektionen
Psoriasis (Schuppenflechte)
Rheumatismus (chronische Gelenkentzündungen)
Syphilis
Soor
Verbrennungen
Verdauungsstörungen
Verstopfung
Warzen
Wunden

Diese Aufstellung ist nicht vollständig, weil sie zum Teil nur Oberbegriffe von Erkrankungen benennt. So verbergen sich hinter »Verdauungsstörungen« vielfältige Beschwerden wie Aufstoßen, Völlegefühl, Blähungen oder Verstopfung; auch Atemwegserkrankungen oder Magenbeschwerden fassen eine Vielzahl von Problemen zusammen. Zum anderen ist es bei einigen Krankheitsbildern wie Aids, Diabetes, Krebs, Syphilis oder Malaria mit Sicherheit zu früh, um von einer Heilwirkung durch Lapacho-Tee zu sprechen, auch wenn einzelne, zum Teil sogar viele Erfahrungsberichte dazu vorliegen. Wir werden im Kapitel »Lapacho-Tee in der Hausapotheke« versuchen, auf diejenigen Krankheitsbilder und ihre Behandlung und Linderung durch Lapacho-Tee genauer einzugehen, für die weitgehend gesicherte und übereinstimmende Ergebnisse bestehen.

Die antibakterielle Wirkung

Lapacho-Tee wirkt gegen Bakterien, indem er ihr Wachstum und ihre Vermehrung hemmt und sie abtötet. In Zellkulturen hat er sich als besonders aktiv gegenüber den sogenannten grampositven Bakterien erwiesen. (Die Bezeichnung »grampositiv« bezieht sich auf eine Färbemethode zur Unterscheidung von Bakterien unter dem Mikroskop. Grampositive Bakterien erscheinen unter dem Mikroskop in blauer Farbe, gramnegative Bakterien nehmen hingegen eine rote Färbung an.)

Zu den grampositiven Bakterien zählen vor allem Staphylokokken und Streptokokken. Staphylokokken sind bei fast allen Menschen auf der gesunden Haut und den Schleimhäuten von Mund und Nase zu finden. Das ist zunächst völlig ungefährlich. Gelangen sie jedoch – durch Hautverletzungen und Entzündungen – in das Gewebe, führen sie zu Hautinfektionen wie Pusteln, Ekzemen, Abszessen oder auch zu Harnwegsentzündungen. Wenn Staphylokokken in den Blutstrom gelangen, kann es zu einer gefährlichen Vermehrung der Keime und zu einem lebensgefährlichen septischen Schock kommen – eine gefürchtete Komplikation nach Operationen.

Streptokokken siedeln im Mund- und Rachenraum und im Darm und sind normalerweise ebenfalls harmlos. Sie werden von den körpereigenen Abwehrkräften in Schach gehalten. Ist jedoch die Immunabwehr geschwächt, können sie Erkrankungen wie Mandelentzündung, Angina, Mittelohrentzündung, Lungenentzündung, Scharlach oder rheumatisches Fieber auslösen.

Eine weitere Bakteriengattung, gegen die sich Lapacho-Tee als wirksam erwiesen hat, sind die sogenannten säurefesten Bakterien. Diese sind von einer Fett- oder Wachsschicht umhüllt, was sie gegen Säuren resistent macht.

Wichtige Vertreter der säurefesten Bakterien sind zum Beispiel die Mycobakterien, die Tuberkulose und Lepra auslösen. Sogenannte »untypische« Mycobakterien führen bei einem geschwächten Immunsystem zu Abszessen an den inneren Organen, zu Lungeninfekten und Hautentzündungen.

Nocardia-Bakterien verursachen Infektionen, die man als Nokardiosen bezeichnet. Auch sie treten eigentlich nur auf, wenn das Immunsystem sehr stark geschwächt ist, wie es bei Aids-Patienten oder infolge einer Krebstherapie mit Zytostatika der Fall ist.

Die antivirale Wirkung

Eine der stärksten Wirkungen des Lapacho-Tees ist die gegen Viren. Er setzt sowohl Viren wie das Herpes simplex Virus Typ I und Typ II außer Kraft als auch Viren, die lediglich eine einfache Erkältung verursachen, möglicherweise bis hin zum HIV-Virus, dem Verursacher von Aids. Die Inhaltsstoffe des Lapacho-Tees, insbesondere das Lapachol, hemmen entweder Wachstum und Vermehrung der Viren oder töten sie direkt ab, oder sie verhindern, daß sie sich in den Zellen einnisten können.

Viren sind die kleinsten bekannten Krankheitserreger. Sie bestehen im wesentlichen nur aus einer Eiweißhülle, in der sich die Erbinformation in Form von Eiweißketten (DNS, RNS) befindet. Viren können sich nicht aus eigener Kraft vermehren. Sie müssen vielmehr in die Wirtszellen eindringen und diese dazu veranlassen, die DNS des Virus zu produzieren. Die Bekämpfung von Viren mit Medikamenten ist sehr schwierig, weil dadurch immer auch die Wirtszellen geschädigt werden.

Das Beta-Lapachol hemmt die Enzyme in den Viruszellen, die die Synthese der Erbinformation von DNS und RNS steuern. Ist dieser Prozeß einmal unterbrochen, ist das Virus außerstande, sich zu vermehren und andere Zellen zu infizieren. Die Blockierung der Enzyme ist somit der Schlüssel zur Bekämpfung von Viren.

Bestimmte Viren, auch als Ribodesoxyviren oder Oncornaviren bezeichnet, haben in Laborkulturen bei der experimentellen Erzeugung von Krebs mitgewirkt. Die antivirale Wirkung des Lapachols könnte einer der Gründe dafür sein, daß er das Tumorwachstum hemmt. Beta-Lapachol wird bei Zugabe von Schwefel leichter vom Körper aufgenommen. Schwefelhaltige Bestandteile sind zum Beispiel im Mate-Tee enthalten; sie verbessern die Wirkung der Lapacho-Therapie.

Die antimykotische Wirkung

Lapacho-Tee ist ein Mittel erster Wahl bei Candida albicans und anderen Hefepilzinfektionen. Lapachol, N-Faktoren (Chinone) und Xyloidone scheinen dabei die wichtigste Rolle zu spielen. Seit der Mitte der siebziger Jahre ist die Anzahl der bekannten N-Faktoren, welche Candida albicans und andere Pilze unterdrücken, auf mehrere Dutzend herangewachsen.

Es wäre allerdings irreführend, kategorisch zu behaupten, daß die Chinone immer und in jedem Fall eine antimykotische Wirkung hätten. Studien zeigen, daß die Art und Weise bedacht werden muß, wie sie in einer Pflanze erscheinen. Zum Beispiel verliert sich die Antipilzwirkung, wenn die N-Faktoren eng mit stark wasser- oder fettlöslichen Substanzen verbunden sind. Noch wurde nicht klar bestimmt, wie die N-Faktoren in der Lapacho-Rinde erscheinen. Chinone, die von verschiedenen biochemischen

Labors bezogen werden, sind inzwischen beliebte Testsubstanzen in den Universitätslaboren geworden. Das liegt am starken Anstieg von Pilzinfektionen, hervorgerufen durch den vermehrten Verbrauch von zellschädigenden Medikamenten wie Antibiotika, Kortikosteroiden (Cortison) und die Immunabwehr schwächenden Genußmitteln.

Die antiparasitäre Wirkung

Die Wirkung von Lapacho-Tee gegen Malaria erzeugte zu Anfang dieses Jahrhunderts großes Interesse bei der Forschung. Eine Arbeit, die 1948 veröffentlicht wurde, wertete die bekannten Daten neu aus und wies darauf hin, daß die N-Faktoren, besonders das Lapachol, zu den vielversprechendsten Anti-Malaria-Substanzen dieser Zeit zählten. Malaria wird durch Parasiten ausgelöst, die sogenannten Plasmodien, die von der Anopheles-Mücke übertragen werden.

Auch bei Würmern – die in unseren Breitengraden allerdings selten geworden sind – hilft Lapacho-Tee, oder er beugt einer Wurminfektion vor. Bestandteile des Lapacho-Tees wurden sehr gründlich hinsichtlich ihrer Wirkung auf zwei Parasiten untersucht, die in den Tropen sehr häufig vorkommen: Schistosoma mansoni (Erreger der Bilharziose) und Trypanosoma Cruz (Erreger der Chagas-Krankheit). Beide wandern aus Larven, die von Egeln beziehungsweise Wanzen auf der Haut abgelegt werden, in das Unterhautgewebe und von dort in den Körper. Sie verursachen gefährliche Entzündungen. Lapacho-Tee erwies sich bei beiden Parasiten als wirksam. Man nimmt als eine von mehreren Ursachen dafür an, daß Inhaltsstoffe des Lapacho-Tees, wenn er getrunken wird, über die Schweißdrüsen ausgeschieden werden und sich auf der Haut ablagern. Sobald Mikroorganismen mit ihnen in Kontakt kommen, werden sie geschwächt und sterben ab.

Die entzündungshemmende Wirkung

Entzündungen werden durch Viren, Pilze, Parasiten und Bakterien verursacht. Sie zerstören das gesunde Gewebe; in der Folge bildet sich Wundflüssigkeit oder Eiter. Aber auch mechanische Reizung oder eine zu starke UV-Licht-Bestrahlung kann entzündliche Prozesse auslösen.

Die entzündungshemmende und heilende Wirkung des Lapacho zeigt folgende Untersuchung auf: Extrakt aus lila Lapacho wurde bei Patientinnen angewandt, die unter Entzündungen der Gebärmutter, des Gebärmutterhalses oder der vaginalen Schleimhaut litten. Diese waren hervorgerufen worden durch verschiedene Erreger wie Candida albicans und Trichomonaden sowie durch mechanische und chemische Reizungen. Ein in Lapacho-Extrakt getauchter Tampon wurde in die Vagina eingebracht und alle zwölf Stunden erneuert. Die Behandlung erwies sich als sehr wirksam. Hätte man sie mit der oralen Einnahme von Lapacho-Tee kombiniert, hätte sie womöglich noch besser angeschlagen.

Die entzündungshemmende Wirkung zeigt sich auch im Rückgang von akuten entzündlichen Prozessen in den Gelenken – und damit auch der Schmerzen – bei Rheuma, der chronischen Gelenkentzündung. Hier konnte in einigen Fällen durch Lapacho-Tee eine vollständige Heilung erreicht werden.

»Ich habe angefangen, roten Lapacho-Tee zu trinken, weil ich einen Leserbrief gelesen habe, in dem jemand schrieb, daß der tägliche Konsum von Lapacho-Tee ihm gegen seine arthritischen Gelenkschmerzen geholfen habe. Ich war

zunächst skeptisch. Bevor ich mit Lapacho anfing, konnte ich nicht länger als fünf Minuten stehen, weil die Schmerzen schier meine Hüfte zerrissen… Seit ich den roten Lapacho regelmäßig trinke, kann ich ohne Schmerzen zwei bis drei Stunden auf den Beinen sein. Und nun hat mir der Arzt auch noch mitgeteilt, daß sich das Gewebe in meinem Hüftgelenk regeneriert hat!« (Quelle: Internet)

Bei Entzündungen der Haut und der Magen-Darm-Schleimhaut entfalten sicherlich auch die im Lapacho-Tee enthaltenen Saponine und Gerbstoffe eine entscheidende Wirkung.

Die schmerzstillende Wirkung

Die schmerzstillende Wirkung des Lapacho-Tees rührt sicherlich zu einem Großteil auch von seinen starken antimikrobiellen und damit entzündungshemmenden Eigenschaften her.

Immer wieder wird berichtet, daß die Gabe von Lapacho-Tee im Zuge der Krebstherapie eine sehr schnelle Linderung der Schmerzen herbeiführen konnte. Er wird deshalb oft als zusätzliches Mittel bei der Krebsbehandlung empfohlen.

Auch eine leicht sedative, das heißt beruhigende Wirkung des Lapacho-Tees wurde festgestellt, konnte aber noch nicht erklärt werden. Da Schmerzen oft auch die Folgen von nervösen Verspannungen und Verkrampfungen sind, wirkt eine Beruhigung in diesen Fällen ebenfalls schmerzlindernd.

Die abführende und entgiftende Wirkung

Die regelmäßige Einnahme von Lapacho-Tee regt die Darmmotorik an, ohne sie zu überreizen. Sie sorgt für gleichmäßige Darmbewegungen. Diese Eigenschaft ist unter anderem auch auf die Naphtachinone und Anthrachinone zurückzuführen. Anwender von Lapacho-Tee berichten einstimmig von einer angenehmen Lockerung des Darms, die zu einer geregelten Verdauung führt, ohne daß Nebenwirkungen wie Durchfall auftreten.

Eine geregelte Verdauung trägt schon viel zur Entgiftung und Reinigung des Körpers bei. Zusätzlich scheint Lapacho-Tee – wie es übrigens bei vielen Kräutern der Fall ist – aber auch direkt dazu beizutragen, daß Giftstoffe aus dem Körpergewebe und den Zellen gelöst werden. Das kann dazu führen, daß beim Beginn der Einnahme von Lapacho-Tee Übelkeit auftritt. Die gelösten Giftstoffe und Stoffwechselabfallprodukte zirkulieren nun frei im Blut. Der Körper versucht mit Macht, sie durch Schwitzen, Erbrechen oder Diarrhoe schnell loszuwerden.

»Ich war von einer giftigen Spinne gebissen worden. Dies wurde jedoch erst nach drei Tagen diagnostiziert, als ich die Notaufnahme des Krankenhauses aufsuchte, weil der Schmerz und die Schwellung so schlimm geworden waren, daß ich es nicht mehr aushielt. Mir wurde eine Salbe verschrieben, aber statt dessen benutzte ich eine Kompresse, die ich aus zwei Teebeuteln Lapacho herstellte und oft wechselte. Die Beschwerden ließen fast sofort nach. Nach drei Tagen war der Arzt ganz erstaunt, daß die Schwellung und die Schmerzen völlig zurückgegangen waren und sich bereits neues, gesundes Gewebe bildete.« (Quelle: Internet)

Die antioxidative Wirkung

Freie Radikale sind Sauerstoffatome, die aus Molekülen herausgebrochen werden. Sie greifen die Zellen aggressiv an und schädigen sie. Freie Radikale entstehen als Abfallprodukte des Stoffwechsels, durch Schadstoffe in der Umwelt und insbesondere auch durch das Rauchen.

Im Reagenzglas hemmt der Lapacho-Tee Freie Radikale und das Aufkommen von entzündungsauslösenden Leukotrienen. Diese Eigenschaft mag der Wirksamkeit des Lapacho-Tees gegen Hauterkrankungen zugrundeliegen, und sie dient auch zur Erklärung der manchmal beobachteten Anti-Alterungs-Effekte. Die moderne Forschung ist gerade dabei, die Bedeutung der Freien Radikalen bei vielen schweren Krankheiten wie Arteriosklerose, der Parkinsonschen Erkrankung, Krebs und Rheuma (Polyarthritis) aufzudecken. Freie Radikale wirken auch stark beim normalen Alterungsprozeß mit. (Es wäre in der Tat ein großes Geschäft für die Hersteller und Anbieter, wenn sich bestätigen würde, daß Lapacho-Tee den Alterungsprozeß verlangsamt.) Radikalenfänger oder Antioxidantien sind an erster Stelle zu nennen, wenn es um die Prävention und Heilung von Erkrankungen geht.

Freie Radikale und Antioxidantien

In unzähligen Studien wurde und wird überprüft, inwieweit Antioxidantien (insbesondere die Vitamine A, C und E, Beta-Carotin sowie Selen und Zink) den Organismus vor bösartigen Neubildungen schützen können. Die Ergebnisse sind zum Teil vielversprechend. Unter der Überschrift »Freie Radikale und Antioxidantien« brachte die renommierte medizinische Fachzeitschrift Lancet Ende 1994 eine Artikelserie, die sich bemühte, einen Überblick über den Stand der Kenntnisse zum Thema zu geben. Angesichts der bisherigen Forschungsergebnisse kommt man zu dem Schluß, daß »die Evidenz zunimmt, daß Freie Radikale bei der Entwicklung von kardiovaskulären Erkrankungen und Krebs beteiligt sind«. Man hält es auch für erwiesen, daß Antioxidantien, die über die Nahrung aufgenommen werden, die lebenslange kumulative DNS-Schädigung durch Freie Radikale abmildern können.

Bei der Entstehung von arteriosklerotischen Schädigungen ist offenbar nicht allein das Cholesterin ausschlaggebend, sondern auch die oxidativen Veränderungen der Fettsäuren.

Auch bei neurodegenerativen Erkrankungen wie der Parkinsonschen Schüttellähmung und der Multiplen Sklerose werden zunehmend Schädigungen durch Freie Radikale und Oxidation in Erwägung gezogen.

So fand man bei verstorbenen Parkinson-Patienten im Gehirn eine erhöhte Lipidperoxidation und Eisenkonzentration. Die Eisenkonzentration steigt in der Folge von Oxidationsprozessen an. Zusätzlich stellte man ein erhöhtes Vorkommen von 8-Hydroxydesoxyguanosin fest, Folge des Angriffs Freier Radikaler auf das Guanin in der DNS und somit Hinweis auf eine DNS-Schädigung. Andererseits lag das Vorkommen von Glutathion, einem Stoff, der die Zellmembran vor Freien Radikalen schützt, unter der Norm. Um wirksam zu werden, benötigt Glutathion das Spurenelement Selen, das zum Beispiel auch im Lapacho-Tee enthalten ist.

Bei der Alzheimerschen Krankheit findet sich ein erhöhter Eisen- und Ferritin-Gehalt in manchen Regionen des Cortex, der Glutathiongehalt ist reduziert. Veränderungen der Eisenwerte treten auch bei der Multiplen Sklerose, der spanischen Paraplegie und der amytrophischen lateralen Sklerose auf.

»Ich begann vor drei Monaten damit, Yerbamate und Lapacho-Tee zu trinken. Sofort kehrte die Energie in mich
zurück... binnen einer halben Stunde tanzte ich herum,
was ziemlich erstaunlich ist, wenn man bedenkt, daß ich
Multiple Sklerose (MS) habe und fast den ganzen Frühling
im Rollstuhl verbracht habe. Innerhalb von zwei Tagen
ließen die Schmerzen und die Muskelkrämpfe nach, es war
fantastisch... meine Blasen- und Darm-Probleme verbes-
serten sich erheblich... Es gibt keinen Zweifel, daß die MS
durch die Kräuter so viel besser wurde. Als ich sie nicht
mehr einnahm, kehrten innerhalb von einer Woche alle die
alten Symptome zurück. Ich nahm den Tee wieder ein, und
sie verschwanden. Dieses Szenario habe ich dreimal wiederholt.«

»Kürzlich hatte ich eine schwere MS-Attacke. Ich verlor
mein Gleichgewichtsgefühl, das Sehvermögen in meinem
linken Auge und bekam furchtbare Schmerzen in meinem
linken Bein. Ich legte mich ins Bett, nahm Schmerzmittel und
Anti-Krampf-Medikamente ein. Ich trank ungefähr vier bis
sechs Tassen Lapacho-Tee und Mate-Tee. Nach sechs Stunden konnte ich aufstehen und herumlaufen. Gewöhnlich
haben mich diese Attacken immer für Wochen lahmgelegt.
Ich bin überzeugt, daß der Lapacho- und der Mate-Tee jetzt
den Unterschied ausgemacht haben.« (Quelle: Internet)

Noch vor 15 Jahren ist die Hypothese, daß Freie Radikale
und eine gestörte Antioxidation bei der Entstehung dieser
Erkrankungen eine Rolle spielen, in der Fachwelt belächelt
worden, heute wird sie zunehmend ernster genommen.
Anzunehmen ist, daß Freie Radikale am Prozeß des Zellto-
des bei den meisten, wenn nicht sogar bei allen Krankheiten beteiligt sind.

Stärkung des Immunsystems

Last but not least stimuliert Lapacho-Tee mit der Fülle seiner Inhaltsstoffe das Immunsystem. So kam der Münchner Forscher Bernhard Kreher in seiner Doktorarbeit zu dem Ergebnis, daß die Aktivität der körpereigenen Abwehrkräfte durch Lapacho-Tee um über 48 Prozent erhöht wurde.

Das körpereigene Immunsystem dient der Abwehr von Krankheitserregern und der Vernichtung von entarteten Zellen, also auch der Krebsabwehr. Es funktioniert durch ein kompliziertes Zusammenspiel von verschiedenen Zellen, die wie eine Wachtruppe und eine Bereitsschaftsfeuerwehr überall im Körper auf Patrouille sind. Man unterscheidet zum Beispiel T-Zellen, B-Zellen, Suppressorzellen, Helferzellen und Killerzellen. Es ist bekannt, daß Schwermetalle (Kadmium, Blei, Quecksilber) das Immunsystem schädigen, insbesondere, wenn sie chronisch einwirken. Ist das Immunsystem geschwächt, also nur unzureichend in der Lage, schädliche Eindringlinge abzuwehren, führt dies zu häufigen, immer wiederkehrenden Infektionen, zu Müdigkeit, Erschöpfung und Abgeschlagenheit. Insbesondere häufige oder chronische Erkrankungen wie Erkältungen, Grippe, immer wieder aufflackernde Herpesbläschen und hartnäckige Infektionen mit Pilzen lassen an einen Abwehrkräftemangel denken.

Was den Lapacho-Tee betrifft, so diskutiert man noch, ob nicht seine Wirkung gegen Bakterien, Viren und Pilze zu einem großen Teil darauf zurückzuführen ist, daß er das Immunsystem kräftigt und somit dazu beiträgt, daß der Körper besser mit Krankheitserregern fertig wird.

Lapacho-Tee gegen Krebs?

In den USA gibt es viele Berichte von Krebspatienten, die eine Verkleinerung der Geschwülste oder ihre Heilung mit dem Trinken von Lapacho-Tee in Verbindung bringen. Diese Berichte erscheinen als Leserbriefe in Zeitschriften oder werden im Internet veröffentlicht:

»*Ich hatte einen großen Gehirntumor. Die konservative, schulmedizinische Behandlung brachte nur wenig Erfolg. Dann fing ich damit an, Lapacho-Tee zu trinken. Nach mehreren Wochen zeigte die Computertomographie, daß der Tumor völlig verschwunden war. Die Ärzte konnten dies kaum glauben, denn sie hatten meinen Fall als prinzipiell unbehandelbar eingestuft.*«

»*Während einer Totaloperation stellte man fest, daß ich Krebs an den Eierstöcken, dem Magen und der Leber hatte. Man gab mir noch maximal vier bis sechs Monate zu leben. Ich entschloß mich zu kämpfen. Ich ging zur Chemotherapie und trank täglich einen Liter roten Lapacho-Tee und eine Unze Aloe-vera-Saft und nahm täglich verschiedene Vitamine ein. Nach elf Monaten konnten die Ärzte nicht glauben, was sie sahen: Der Krebs war weg. Ich gehe weiterhin regelmäßig zu Untersuchungen und gelte als ein ›Wunder‹.*«

»*Meine Frau hatte Krebs im Endstadium. Sie litt an einem bösartigen Tumor im Gesicht. Die Schmerzen waren so intensiv, daß die Ärzte sie im Krankenhaus behalten wollten, um sie bis zu ihrem Tod zu sedieren. Wir entschlossen uns, nicht aufzugeben. Nun trinkt sie seit drei Wochen roten Lapacho-Tee. Der Tumor sieht bereits viel besser aus. Er hat Flüssigkeit abgesondert und macht nicht mehr so einen bösen Eindruck. Die Schmerzen haben stark nachgelassen, meine Frau kann aufstehen und herumlaufen. Unser Hausarzt ist beeindruckt... nun haben wir Hoffnung!«*

Der Biochemiker Wayne Martin veröffentlichte 1991 folgende Falldarstellung in der Frühjahrsausgabe des »Cancer Victors Journal« (übersetzt ungefähr: »Zeitschrift für Sieger über den Krebs«):

Einem Patienten wurde operativ die vom Krebs befallene Blase entfernt, aber dann entwickelten sich Metastasen im Rektum, die mit mehreren Serien von radioaktiver Bestrahlung behandelt wurden. Zur gleichen Zeit trank er sehr viel Lapacho-Tee. Er scheint nun völlig geheilt zu sein, und »da die Radiologen wenig Erfolg haben bei der Therapie von metastasierendem Krebs des Rektums, glaubt dieser Patient, daß der Lapacho-Tee sehr viel mit seiner Heilung zu tun hat.« Wayne Martin hat auch etliche Berichte von Patientinnen mit Brustkrebs erhalten, denen Lapacho-Tee geholfen hat.

Der Medizinjournalist Bill Wead, der im Zuge seiner Recherchen über Lapacho-Tee auch mit Professor Arcosi gesprochen hat, hat sich speziell mit der Frage der Krebsbehandlung befaßt. In seinem 1985 erschienenen Buch »Second Opinion« (übersetzt: »Zweites (ärztliches) Gutachten«) hat er Hunderte von Fallgeschichten ausgewertet, in denen Krebspatienten die Besserung der Krankheit dem Lapacho-Tee zuschreiben.

Er betont jedoch, daß sehr viel darauf hinweist, daß es notwendig ist, den Konsum des Tees fortzusetzen, wenn eine Besserung eingetreten ist. Er beobachtete auch, daß in einigen Fällen die Heilung nicht dauerhaft war, sondern daß später Rückfälle auftraten. Bei einigen dieser Patienten kam es zu einer Verschlechterung, nachdem sie den Lapacho-Tee abgesetzt hatten.

Wead weist darauf hin, und das muß man um der Seriosität willen unterstreichen, daß Lapacho-Tee sicherlich nicht bei jedem Patienten hilft. Es gibt bislang keine zuverlässigen, kontrollierten statistischen Daten über die Effektivität von Lapacho-Tee bei Krebs, auch liegen keine Langzeit-Untersuchungen über Heilerfolge vor.

Exkurs: Die Möglichkeiten der biologischen Krebstherapie

Krebspatienten und ihre Angehörigen wenden sich immer stärker den sogenannten biologischen Methoden der Krebstherapie zu. Diese sind in der Regel schulmedizinisch (noch) nicht anerkannt. Aber angesichts der ernüchternden Zahlen über die Krebssterblichkeit besteht auch in der Medizin Einigkeit darüber, daß es notwendig ist, neue Behandlungsmethoden zu entwickeln. Zum einen, um die Heilungsraten beziehungsweise die Überlebenszeit der Patienten zu erhöhen, zum anderen, um die Lebensqualität der Erkrankten zu verbessern. Welchen Beitrag können dazu die sogenannten unkonventionellen, biologischen Methoden leisten? Sind sie mehr als der Strohhalm, nach dem schulmedizinisch »austherapierte« Patienten greifen und der zwar nicht schadet, aber auch nicht nützt? Wo ist die Grenze zu ziehen zwischen marktschreierischen Anpreisungen von Außenseitertherapien, die wundersame Heilungserfolge propagieren, und seriösen, wissenschaftlich fundierten Verfahren?

Als Kriterien zur allgemeinen Bewertung von Naturheilverfahren nennen die renommierten Münchener Professoren Melchart und Wagner (in: Naturheilverfahren – Grundlagen einer autoregulativen Medizin, 1993) neben den klassischen Parametern wie Wirksamkeitsnachweis, Wirkmodell, Sicherheit und Plausibilität auch das Ziel der Lebensqualität.

Das Ziel der Medizin könne nicht nur »Leben verlängern« und »Leben erhalten« lauten, sondern müsse um die Dimension »Lebensqualität verbessern« ergänzt werden. Auch erweitern die Autoren die klassische Liste der Nebenwirkungen um das Risiko, eine Krankheit zu verschleppen, eine anerkannte, wirksame Therapie fernzuhalten und eine seelische Gefährdung, Enttäuschung und schwere finanzielle Schädigung des Patienten zu verursachen.

Jede neue Methode ist unkonventionell, solange sie noch nicht in den Katalog der konventionellen, das heißt weithin anerkannten »Schul-Medizin« aufgenommen worden ist. Einige Verfahren der biologischen Krebstherapie scheinen sich an der Schwelle der Etablierung zu befinden. Es sind dies insbesondere Verfahren der Immuntherapie.

Welche biologischen, »unkonventionellen« Krebstherapien sind seriös?

Im folgenden versuchen wir, kurz einige Methoden der biologischen Krebsbehandlung zu schildern, für die es eine wissenschaftliche Basis gibt. Natürlich können auch diese Methoden nicht bei jedem Patienten in jedem Fall helfen; die Übersicht kann aber vielleicht helfen, die Spreu vom Weizen zu trennen. Sie ist weder vollständig, noch dürfen Sie sie als Ersatz für die ärztliche Beratung und Behandlung mißverstehen.

»Aktive spezifische Immuntherapie«

Die aktive spezifische Immuntherapie geht auf Paul Ehrlich zurück, der die Methode bereits Ende des letzten Jahrhunderts experimentell untersuchte. In den achziger Jahren dieses Jahrhunderts wurden verschiedene klinische Studien zur Tumortherapie mit Tumorzellen veröffentlicht, in denen eine Verlängerung der rückfallfreien Zeit dokumentiert wurde. So hat man von und für Patienten mit Kolonkarzinom nach Operation und Lymphadenektomie aus dem Tumorgewebe einen Tumor-Impfstoff hergestellt, der zusätzlich mit BCG versetzt wurde und ihnen danach wieder verabreicht wurde. Nach drei Jahren zeigte sich ein statistisch hochsignifikanter Unterschied in der Überlebensrate (Hoover, 1985). Der Versuch wurde inzwischen im Rahmen von Multi-Center-Studien wiederholt und bestätigt.

Kontrollierte klinische Studien mit positiven Ergebnissen der ASI gibt es inzwischen außer für das Kolonkarzinom auch für das Lungen-, Mamma-, Prostata- und Nierenzellkarzinom und das maligne Melanom.

»Aktive unspezifische Immuntherapie«: Thymuspeptide, Fiebertherapie, Mistellektine

Eine aktive unspezifische Immuntherapie (AUI) beinhaltet unter anderem die Verabreichung von Peptiden oder Extrakten pflanzlichen Ursprungs, die eine stimulierende Wirkung auf das Immunsystem ausüben.

Für die AUI lassen sich dabei verschiedene Plausibilitätsschlüsse ziehen:

• Es gibt Zusammenhänge zwischen der durchschnittlichen Überlebenszeit von Krebspatienten und der Gesamtzahl der T-Lymphozyten oder der Zahl an zytotoxischen CD8+ T-Zellen.

• Funktionelle Immunparameter hängen signifikant sowohl mit dem Langzeitüberleben als auch mit der Infektions-Sterblichkeit zusammen.

• Sowohl im Reagenzglas als auch im Tierversuch sind verschiedene hormonbedingte und zelluläre Mechanismen zytotoxischer Reaktionen an Krebszellen bekannt.

• Krebszellen von Labor-Tieren, bei denen man das Immunsystem zusätzlich geschwächt hat, sind häufiger resistent gegen die Chemotherapie; die Wirkung von Zytostatika ist bei Tieren mit einem kompetenten Immunsystem höher.

• Menschen mit einem geschwächten Immunsystem entwickeln häufiger Melanome (Hautkrebs).

Zu den am besten untersuchten Eiweißstoffen, die das Immunsystem anregen, zählen die Thymuspeptide. In einer amerikanischen Studie mit Lungenkrebspatienten wurde nach Bestrahlung und Operation die Zahl der T-Zellen durch Thymuspeptide und Thymosin erhöht. Im Vergleich zu der mit einem Placebo (Scheinmedikament ohne Wirkstoff) behandelten Kontrollgruppe (ebenfalls operiert und bestrahlt) war in der Gruppe, die die Thymuspräparate erhalten hatte, ein statistisch signifikant längeres Überleben zu verzeichnen. Von den mit Thymuspeptiden behandelten Patienten lebten nach 54 Wochen noch 40 Prozent, in der Placebo-Gruppe niemand mehr. Eine in der Zwischenzeit gestartete Multi-Center-Studie in den USA scheint dieses Ergebnis in bezug auf die Zweijahresüberlebensquote zu bestätigen.

Aktive Fiebertherapie

Die aktive Fiebertherapie ist vor allem durch eine Stimulation des Immunsystems gekennzeichnet. Epidemiologische Studien zeigen, daß chronisch Kranke und Krebspatienten im Vergleich zur Gesamtbevölkerung früher selten hohes Fieber hatten. Andererseits finden sich in der Literatur über 800 gut dokumentierte Fälle, bei denen eine spontane Rückbildung von Karzinomen nach hochfieberhaften Infektionen zu verzeichnen war. Bei der aktiven Fiebertherapie verabreicht man dem Patienten Impfstoffe, die ein Bakteriengemisch enthalten, das durch die Freisetzung von Interleukin-1 aus den Makrophagen zu hohem Fieber führt. Gleichzeitig werden durch Interleukin-1 die Mikro- und Makrophagozytose und die natürlichen Killerzellen aktiviert. Noch drei Tage nach einem Fieberstoß kann eine deutlich erhöhte Leukozytenanzahl nachgewiesen werden.

1994 wurde eine Studie publiziert, in der zwei Gruppen von Patienten mit nodulärem Non-Hodgkin-Lymphom verglichen wurden. Bei einer Gruppe wurde fünf Tage vor der Chemotherapie zusätzlich eine Fiebertherapie durchgeführt. Nach fünf Jahren lebten noch alle mit der Fiebertherapie behandelten Patienten, in der Kontrollgruppe waren es nur 40 Prozent.

1990 fand in Berlin eine medizinische Tagung statt, die die Möglichkeit bot, Erfahrungen über die Fiebertherapie auszutauschen und die Behandlung zu vereinheitlichen. Ein besonderes Augenmerk galt auch den Nebenwirkungen, die gravierend sein können (wie Erbrechen, Schmerzen, allergische Reaktionen, Thromboembolie und Kreislaufstörungen), aber in der Regel – auch durch eine sorgfältige Auswahl der Patienten – gut beherrschbar sind.

Misteltherapie

Von allen empfohlenen pflanzlichen Drogen hat die Mistel in Form von Extrakten zur oralen und parenteralen (unter Umgehung des Verdauungswesens zum Beispiel Injektionen) Anwendung bei der Krebstherapie die größte Bedeutung erlangt. Neben den Mistellektinen wurden auch Extrakte aus Echinacea, Thuja, Baptisiae untersucht, allerdings mit nicht so guten Resultaten. Mistellektine gehören wie das Lapachol zu den sekundären Pflanzenwirkstoffen.

Auch in den Studien zum Mistelextrakt waren die Ergebnisse lange Zeit uneinheitlich, bis es 1990 der Forschergruppe um Professor Gabius am Göttinger Max-Planck-Institut für experimentelle Medizin gelang, den Wirkstoff zu isolieren, der eine immunmodulierende Wirkung hat, nämlich das Mistellektin ML-1. ML-1 hat, wie die Forschung weiter ergab, ein sehr enges »therapeutisches Fenster« von einem Millionstel Gramm pro Kilogramm Körpergewicht. Bereits bei geringfügiger Über- oder Unterdosierung flacht seine Wirkung ab oder verkehrt sich ins Gegenteil. Daraus folgt, daß der ML-1-Gehalt in Mistelpräparaten exakt standardisiert sein muß, was bislang nur auf die wenigsten der auf dem Markt angebotenen Präparate zutrifft.

Experimentelle Studien zur immunaktiven Wirkung wäßriger Mistelextrakte mit exakt standardisiertem Gehalt an Mistellektin zeigen bei Versuchstieren gute Ergebnisse.

Bei 21 Patientinnen mit Brustkrebs konnte durch ein Mistelpräparat der Abfall der Leukozyten während der Chemotherapie im Vergleich zu 19 Patientinnen einer Kontrollgruppe signifikant reduziert werden. In dieser Studie wurde auch die Lebensqualität erfragt, die sich bei den Patientinnen, die mit dem Mistelpräparat behandelt worden waren, deutlich verbessert hatte. Besonders auffällig war die verminderte Angst vor dem jeweils nächsten Chemo-therapie-Zyklus.

Inwieweit sich die Immuntherapie mit Mistellektin auch positiv auf das beschwerdefreie Intervall und die Überle-bensrate auswirkt, wird derzeit in verschiedenen klini-schen Studien untersucht.

Biologische Methoden in der Krebstherapie, für die eine statistisch bewertete Aussagekraft vorliegt (nach E. D. Hager, 1993)

Aktive spezifische Immuntherapie (ASI)

Aktive unspezifische Immuntherapie (AUI):
zum Beispiel Thymuspeptide, Mistellektine, Fiebertherapie, Lipopolysaccharide

Adoptive Immuntherapie:
zum Beispiel LAK, TIL

Zytokine:
zum Beispiel koloniestimulierender Faktor (CSF), Interferon, Interleukin

Differenzierungstherapie:
zum Beispiel Retinoide, Cumarine

Physikalische Therapie:
zum Beispiel Hyperthermie, Elektrotherapie, Iontophorese

Photodynamische Therapie:
zum Beispiel Porphyrine, Methoxsalen

Psychotherapie:
zum Beispiel Visualisierung, Jacobson-Training, Neurolinguistische Programmierung NLP

Sonstige:
zum Beispiel H2-Antagonisten, Prostaglandinsynthesehemmer, Biphosphonate, Enzyme

Die Anwendungsformen des Lapacho-Tees

Am gebräuchlichsten ist die Verwendung von Lapacho-Tee – wie der Name schon sagt – als Tee. Der Tee kann heiß, warm oder kalt getrunken und mit verschiedenen Beigaben wie Honig, Zucker, Milch oder Sahne verfeinert werden. Das Teerezept ist auch die Grundlage für Bäder, Auflagen und Kompressen.

Wie bereits erwähnt gibt es Lapacho mittlerweile auch in Form von Kapseln und Tabletten. An dieser Stelle auch noch einmal der wichtige Hinweis: Die Einnahme von Kapseln, die ausschließlich Teepulver enthalten, ist nahezu wertlos, da viele der Heilsubstanzen durch die Verdauung nicht aus dem Pulver gelöst werden können.

Lapacho-Tinktur, den alkoholischen Auszug aus Lapacho-Rinde, können Sie selbst herstellen oder auch fertig kaufen.

Zur besseren Übersicht wiederholen wir an dieser Stelle noch einmal das Grundrezept für den Lapacho-Tee.

Lapacho-Tee als Getränk

Zur allgemeinen Stärkung des Immunsystems, Vorbeugung gegen Infektionen, Vorbeugung und Behandlung von Magen-Darm-Beschwerden und Hauterkrankungen.

1. Setzen Sie in einem Topf 3/4 Liter Wasser auf und geben Sie einen gehäuften Eßlöffel Lapacho-Tee hinzu.

2. Lassen Sie beides kräftig aufkochen.
3. Schalten Sie die Hitze herunter und lassen Sie den Tee für acht bis zehn Minuten bei geschlossenem Deckel weiterkochen.
4. Nun nehmen Sie den Topf vom Feuer und lassen den Tee noch weitere zehn Minuten ziehen.
5. Seihen Sie den Tee durch ein sehr feines Sieb in eine Kanne oder Thermoskanne ab.

Vollbäder mit Lapacho-Tee

Zur allgemeinen Stärkung der Haut, zur Stabilisierung des Säureschutzmantels der Haut, bei Hautunreinheiten, Durchblutungsstörungen, Erschöpfungszuständen.

Für das Vollbad gilt das Tee-Grundrezept in einer stärkeren Konzentration.

1. Bereiten Sie den Lapacho-Tee mit drei gehäuften Eßlöffeln Tee und eineinhalb Liter Wasser wie oben beschrieben zu und seihen Sie ihn sorgfältig ab.
2. Duschen Sie vor dem Bad, damit die Haut gereinigt wird und die Poren aufnahmefähiger sind.
3. Lassen Sie ein Vollbad mit ungefähr 37 Grad warmem Wasser einlaufen. Das entspricht der Körpertemperatur und ist am verträglichsten.
4. Mischen Sie den Lapacho-Tee unter das Badewasser und bleiben Sie etwa 15 Minuten in der Wanne. Lassen Sie bei Bedarf heißes Wasser nachlaufen.
5. Tupfen Sie nach dem Bad Ihre Haut nur leicht ab und hüllen Sie sich in einen Bademantel.
6. Ruhen Sie nach Möglichkeit noch 30 Minuten, damit sich die wohltuende, entspannende Wirkung des Lapacho-Bades voll entfalten kann.

Einige praktische Hinweise

Am sinnvollsten ist es, das Lapacho-Bad am Abend zu nehmen. Abgesehen von seiner heilenden Wirkung auf die Haut fördert es die Entspannung und den Schlaf. Verwenden Sie keine anderen Badezusätze gleichzeitig, da diese die Inhaltsstoffe des Lapacho-Tees zum Teil zerstören. Bedenken Sie, daß Sie mit dem Lapacho-Bad ein Heilbad und nicht ein normales Bad zur Körperreinigung nehmen. Wenn Sie merken, daß Ihnen beim Baden schwindlig wird oder Sie Atemnot bekommen, müssen Sie das Bad natürlich eher als nach 15 Minuten abbrechen. Aber auch mit einer Badedauer von acht oder zehn Minuten erzielen Sie schon gute Effekte. Kleine Kinder, ältere Menschen und Personen mit zu hohem oder sehr niedrigem Blutdruck sollten nie länger als zehn Minuten baden. Fragen Sie im Zweifelsfall Ihren Arzt.

Teilbäder mit Lapacho-Tee

Teilbäder wie Sitz-, Fuß- oder Handbäder sind in der Naturheilkunde und Volksmedizin sehr verbreitet. Sie belasten den Kreislauf nicht und sind deshalb auch für herzkranke Menschen sehr gut geeignet. Überdies haben sie den Vorteil, daß sie weniger Energie und Wasser verbrauchen und damit die Natur (und den Geldbeutel) weniger strapazieren. Der Hauptunterschied zum Vollbad besteht aber darin, daß Sie in Teilbädern ganz gezielt eine höhere Konzentration des Lapacho-Tees anwenden können, indem sie die Abkochung unverdünnt oder nur mit wenig Wasser gestreckt benutzen.

Sitzbad

Gegen Hämorrhoiden, Pilzinfektionen, Vaginalreizungen und -entzündungen, Ausschläge und Abszesse im Intimbereich, Wundsein.

Im Sanitärfachhandel sind spezielle Sitzbadewannen erhältlich. Die Anschaffung lohnt sich, wenn Sie Sitzbäder häufiger durchführen. Ansonsten tut es auch eine genügend große Plastikschüssel oder eine Babybadewanne.

1. Kochen Sie nach dem Grundrezept einen Lapacho-Tee mit zwei gehäuften Eßlöffeln Rinde und einem Liter Wasser und seihen Sie ihn gründlich ab.
2. Geben Sie die Abkochung in das mit zirka 37 Grad warmem Wasser gefüllte Badegefäß.
3. Das Sitzbad sollte zehn bis 20 Minuten dauern.
4. Danach die Haut nur abtupfen und Wäsche aus Baumwolle anziehen, nach Möglichkeit etwas ruhen.

Das Sitzbad sollte mehrmals täglich durchgeführt werden, wenn Sie es bei akuten Beschwerden anwenden. Zur Vorbeugung reicht eine Anwendung von zwei- bis dreimal wöchentlich.

Bäder für Füße und Hände

Gegen Pilzinfektionen an Händen und Füßen, bei rauher, schwieliger, entzündeter Haut, starker Schweißbildung.

Verwenden Sie für Handbäder den auf Hauttemperatur abgekühlten, unverdünnten Aufguß; für Fußbäder eine Mischung aus Wasser und Lapacho-Tee zu gleichen Teilen.

1. Kochen Sie nach dem Grundrezept einen Lapacho-Tee aus zwei gehäuften Eßlöffeln Rinde und einem Liter Wasser und seihen Sie ihn gründlich ab.
2. Reinigen Sie die Hände beziehungsweise Füße vor dem Bad gründlich mit einer hautneutralen Seife.
3. Die Badedauer liegt bei zehn bis 20 Minuten. Spülen Sie danach die Hände beziehungsweise Füße mit kaltem Wasser ab.

Bei akuten Beschwerden, wie zum Beispiel Fußpilz, das Teilbad mehrmals täglich durchführen, bei chronischen Problemen wie starker Schweißbildung mehrmals wöchentlich.

Auflagen und Umschläge

Bei Hautausschlag, Schürfwunden, Verbrennungen, Gelenkschmerzen, Geschwüren, Zerrungen.

Für Auflagen und Umschläge wird heißer (die Temperatur muß hautverträglich sein) oder kalter Lapacho-Tee auf ein geeignetes Stück Stoff (Baumwolle, Leinen) gebracht und gezielt auf die zu behandelnden Körperstellen aufgelegt.

1. Kochen Sie nach dem Grundrezept einen sehr starken Tee mit zwei Eßlöffeln Lapacho-Tee auf 1/2 Liter Wasser und seihen Sie ihn ab.
2. Tränken Sie ein Tuch mit dem noch heißen (die Temperatur muß hautverträglich sein), körperwarmen oder kalten Tee und legen Sie es auf die betroffenen Partien.
3. Die Auflage beziehungsweise den Umschlag mit einem Frottierhandtuch abdecken und ungefähr 30 Minuten

einwirken lassen. Bis zur Abheilung mehrmals täglich anwenden.

Achtung: Bei offenen Hautverletzungen müssen Sie unbedingt darauf achten, für die Auflage oder den Umschlag keimfreies Stoffmaterial zu verwenden, um zu verhindern, daß Entzündungserreger in das Gewebe gelangen. Bei Schürfwunden sind die offenen Stellen mit bloßem Auge sichtbar.

Aber auch Verbrennungen haben Zellen in der Oberhaut zerstört, so daß Bakterien eindringen können; das ist auch bei Ekzemen und Ausschlägen der Fall, wo durch Kratzen die Gefahr einer Infektion noch erhöht wird.

Auf der sicheren Seite befinden Sie sich mit steril verpacktem Verbandsmaterial. Sehr gut geeignet und auf Dauer preiswerter ist es, wenn Sie ein Leintuch oder eine Mullwindel zirka drei Minuten mit dem Bügeleisen, dessen Temperatur auf der höchsten Stufe eingestellt ist, plätten.

Lapacho-Tinktur

Eine andere Aufbereitung des Lapacho-Tees ist die Tinktur. Eine Tinktur wird aus hochprozentigem Alkohol hergestellt, der die Inhaltsstoffe aus der Rinde löst. Die Tinktur hat den Vorteil, daß Sie sie immer zur Verfügung haben, wenn Sie – wie zum Beispiel auf Reisen oder bei starker beruflicher Beanspruchung – den Tee nicht frisch zubereiten können. Auch für die Erste Hilfe bei Hautabschürfungen und Insektenstichen ist eine Tinktur schnell zur Hand. Sie kann innerlich und äußerlich angewendet werden. Wenn Sie alkoholkrank sind, dürfen Sie Tinkturen jedoch nicht einnehmen! Eingefleischte Lapacho-Anhänger stehen der Tinktur skeptisch gegenüber, weil der Alkohol möglicher-

weise die Inhaltsstoffe verfälscht, und bevorzugen die Teezubereitung. Ob das gerechtfertigt ist, sei dahingestellt.
Jedenfalls können Sie die Tinktur fertig kaufen oder selbst
herstellen.

Lapacho-Tinktur selbstgemacht

Sie benötigen:
  20 Gramm Lapacho-Tee
  100 Milliliter 70prozentigen Alkohol (Apotheke)
  1 fest verkorkbare Glasflasche

1. Zerstoßen Sie die Lapacho-Rinde möglichst fein in
   einem Mörser oder zerbröseln Sie sie mit den Fingern.
2. Füllen Sie den zerkleinerten Lapacho-Tee in die Glasflasche und geben Sie den Alkohol dazu. Fest verkorken
   und durchschütteln.
3. Lassen Sie den Ansatz bei Zimmertemperatur 14 Tage
   durchziehen. Schütteln Sie ihn bei Gelegenheit immer
   wieder durch.

Wenn die Tinktur fertig ist, brauchen Sie die feinen Rin-
denteile nicht extra abzuseihen. Praktisch für die spar-
same, genaue Dosierung ist ein Tropfenzählaufsatz, den
Sie in Apotheken oder Drogerien erhalten.

Lapacho-Öl

Der Ölauszug aus Lapacho-Rinde ist ein mildes, natürliches Hautpflegemittel, das entzündungshemmend und
wundheilend wirkt. Damit die Wirksubstanzen aus dem
Rindenmaterial gelöst werden können, ist die Zugabe von

Wein erforderlich. Die Säure und der Alkohol bewirken einen Auszug in leichter Konzentration.

Sie benötigen:
20 Gramm Lapacho-Tee
125 Milliliter kaltgepreßtes Olivenöl oder Mandelöl
125 Milliliter trockenen Weißwein

1. Zerstoßen Sie die Lapacho-Rinde möglichst fein in einem Mörser oder zerkleinern Sie sie mit den Fingern.
2. Vermischen Sie den Lapacho-Tee, das Olivenöl (oder Mandelöl) und den Weißwein in einem verschraubbaren, großen Glas und verschließen Sie es.
3. Lassen Sie den Ansatz eine Woche bei Zimmertemperatur stehen. Das Glas zwischendurch immer wieder schütteln.
4. Füllen Sie nun die Mischung in ein hitzebeständiges Gefäß um. Bringen Sie in einem hinreichend großen Topf Wasser zum Kochen, stellen Sie das Gefäß mit dem Lapacho-Öl-Wein-Ansatz hinein und erhitzen Sie den Ansatz in dem Wasserbad unter Umrühren so lange, bis sich der Wein verflüchtigt hat. Dabei sollte das Gemisch möglichst heiß werden.
5. Seihen Sie das Lapacho-Öl durch ein Leintuch ab und füllen Sie es in Glasfläschchen um. Kühl und dunkel aufbewahrt, hält sich das Lapacho-Öl mehrere Monate.

Lapacho-Gel

Gegen Warzen, Sommersprossen, braune Flecken auf der Haut.

Als Mittel gegen Warzen, Sommersprossen und braune Verfärbungen der Haut wird unter dem Markennamen

»Bayflor's Skin Marvel« ein hochkonzentriertes Gel angeboten, das aus reiner Lapacho-Innenrinde hergestellt wird. Neben den oben genannten Anwendungsgebieten wirkt es angeblich wie ein natürliches Face-Lifting über Nacht. Es soll auch bei Stichen von Wespen und Bienen, Bissen von Spinnen und Insekten, Sonnenbrand und vielen anderen Hautproblemen helfen. Allerdings hat das »Wundermittel« auch seinen Preis: Zwei Unzen (62,2 Gramm) kosten 28 Dollar (zirka 50 Mark). Sie können dieses Gel durch eine Internationale Apotheke beziehen oder über das Internet direkt beim Hersteller ordern.

Lapacho-Tee in Kräutermischungen

Inzwischen ist Lapacho-Tee auch ein Bestandteil in verschiedenen Kräutermischungen, die bislang vor allem auf dem US-amerikanischen Markt erhältlich sind, aber – wie die Erfahrung zeigt – mit Sicherheit bald auch zu uns kommen werden. Als Beispiel sei eine Zusammensetzung beschrieben, die helfen soll, mit dem Rauchen aufzuhören.

Das als »De-Nicotizing-Formula« angebotene Mittel besteht aus 14 verschiedenen pflanzlichen Bestandteilen. Sie sollen den Körper dabei unterstützen, das Nikotin auszuscheiden, das in ihm in den langen Raucherjahren akkumuliert wurde. Zwar geschieht das, wenn man mit dem Rauchen aufhört, im Laufe von einigen Monaten von selbst. In dieser Zeit jedoch ist der frühere Raucher extrem gebeutelt von dem Verlangen nach Nikotin, dem die Tabaksucht auslösenden giftigen Stoff. Möglicherweise wird dieses Verlangen auch dadurch am Leben gehalten, daß aus den Zellen noch immer Nikotin freigesetzt wird. Es trägt somit zum Erfolg des Entzugs bei, wenn es gelingt, das gespeicherte Nikotin schnell loszuwerden.

In der Antinikotin-Mischung sind auch andere standardisierte Kräuter-Extrakte enthalten, die eine Entgiftung des Körpers bewirken sollen. Hier die Liste der Bestandteile:

Lapacho (Tabebuia impetiginosa), Stechwinde (Smilax officinalis), Goldenseal (eine Berberidazee; Hydrastis canadensis), Seetang (Fucus visiclosis), Roter Klee (Trifolium pratense), Kreuzdorn (Rhamnus cathartica), Luzerne (Medicago sativa), Löwenzahn (Taraxacum officinale), Lakritzwurzel (Glycyrrhiza glabra), Rinde des Faulbaumes (Rhamnus purshiana), Ampfer (Rumex crispa), Wurzel der Großen Klette (Arctium lappa), Ysop (Hyssopus officinalis) und Berberitze (Berberis vulgaris).

(Leuten, die mit dem Rauchen aufhören wollen, kann ich nur das im Goldmann-Verlag erschienene Buch von Alan Carr: »Endlich Nichtraucher!« auf das dringlichste ans Herz legen! Carr schafft es, mit einigen klaren Worten auf ganz frappierende Weise zu erklären, warum man gar nicht rauchen muß, und warum man mit diesem Laster aufhören kann ...)

Lapacho-Tee bei Hauterkrankungen

Lapacho-Tee sollte in keinem Haushalt fehlen. Er hilft bei vielen akuten und chronischen Beschwerden und ist oft auch als Erste Hilfe zu gebrauchen. Im folgenden erhalten Sie Hinweise für die Anwendung von Lapacho-Tee bei Hauterkrankungen, inneren Erkrankungen wie vor allem Magen- und Darm-Erkrankungen und Infektionen. Das sind die Hauptindikationsbereiche, bei denen die Heilwirkung von Lapacho-Tee als fundiert und gesichert betrachtet werden kann. Eines soll jedoch ganz besonders betont werden: Die Selbstbehandlung darf kein Ersatz dafür sein, zu einem Arzt zu gehen, vor allem bei schwereren Erkrankungen, oder wenn sich Beschwerden nicht bessern.

Die Haut ist mit einer Fläche von durchschnittlich 1,6 Quadratmetern das oberflächengrößte menschliche Organ. Sie stellt die Grenze des Körpers zur Umwelt dar, an der der stoffliche Austausch zwischen dem Organismus und der Umgebung stattfindet. Umweltreize wirken direkt auf die Haut ein, sei es auf die äußere Körperhaut, sei es auf die Schleimhäute der Atemwege und der Verdauungsorgane. Die Haut besteht aus mehreren Schichten: Oberhaut (Epidermis), Lederhaut (Dermis) und Unterhautgewebe.

Erkrankungen der äußeren Haut (Epidermis) hängen oft eng zusammen mit Störungen im Magen-Darm-Trakt. So führt eine Nahrungsmittelallergie häufig auch zu Hautausschlag. Das ist gar nicht so verwunderlich, wenn man bedenkt, daß die äußere Haut und die inneren Schleimhäute sich in der ganz frühen Entwicklung des Embryos aus gemeinsamen Zellen (dem Ektoderm) herausbilden. Die Behandlung von chronischen Hauterkrankungen sollte deshalb am besten ganzheitlich erfolgen. Lapacho-Tee wirkt innerlich ausgleichend auf den Magen-Darm-Bereich, äußerliche Anwendungen mit Heilbädern und Umschlägen stabilisieren den natürlichen Säureschutzmantel der Haut und töten Bakterien ab.

In der letzten Zeit ist die Zahl der Hauterkrankungen beträchtlich angestiegen. Man nimmt an, daß die erhöhte Belastung der Umwelt mit Schadstoffen entscheidend an dieser Entwicklung beteiligt ist. Giftstoffe wie Lösungsmittel, Säuren und Salze greifen den natürlichen Säureschutzmantel der Haut an. Bakterien und Keime können nun leichter eindringen und entzündliche Prozesse hervorrufen. Viele Stoffe lösen auch direkt eine sogenannte Kontaktallergie aus. Der Körper wehrt sich gegen das Allergen (zum Beispiel Nickel oder Latex) mit einer entzündlichen Reaktion. Auch übertriebene Hygiene und zu trockene Raumluft strapazieren die Haut und machen sie anfälliger für Krankheiten.

Hauterkrankungen stehen auch sehr oft in Zusammenhang mit Streß und psychischen Belastungen. In der Tat ist unsere Haut besonders eng mit der Seele verbunden. Sie reagiert auf Gefühle mit Erröten, Schwitzen oder Blaßwerden. Über unsere Haut teilen wir somit auch unsere innere Befindlichkeit anderen Menschen mit. Das kann zu einer Qual werden für Personen, die zum Beispiel bei jeder Anspannung und Aufregung stark erröten oder feuchte Hände bekommen. Da Erkrankungen der Haut wie Akne, Ekzeme oder Neurodermitis auch das äußere Erscheinungsbild beeinträchtigen, sind sie für die Betroffenen – neben den körperlichen Beschwerden, die sie bereiten – auch oft psychisch sehr hemmend und belastend.

Abszesse und Geschwüre

Abszesse bilden sich durch die Ansammlung von Eiter im Gewebe. Sie können an jedem Organ auftreten, sind aber besonders oft in der Haut zu finden. Ein Abszeß wird meistens durch Bakterien ausgelöst, am häufigsten durch die kugelförmigen Streptokokken. Durch kleine, oft unsichtbare Verletzungen dringen sie in die Haut ein. Sie zerstören die Zellen des umliegenden Gewebes. Der Eiter entsteht durch diesen Zerstörungsprozeß und auch durch die weißen Blutkörperchen und Abwehrzellen (Leukotriene), die der Körper zur Abwehr der Entzündung aussendet. Die betroffene Stelle der Haut rötet sich und schwillt an. Wenn der Abszeß »reift«, erkennt man die weiß-gelbliche Eiterbeule. Abszesse in der Haut werden oft auch Furunkel genannt. Meistens handelt es sich um entzündete Haarfollikel. Abszesse und Furunkel bilden sich meist in den Achselhöhlen und der Leistengegend, weil hier die Haut oft feucht ist und selten mit Luft in Berührung kommt. Enge Kleidung, insbesondere die Ränder der Unterwäsche und zu eng sitzende Jeans, können zu Abszessen im Leistenbereich führen.

Die Behandlung

Wichtig ist es, den Eiter zum Abfließen zu bringen, ohne daß noch mehr Gewebe verletzt wird. Deshalb dürfen Sie Abszesse oder Furunkel nie ausdrücken. Heiße Kompressen mit starkem Lapacho-Tee weichen die Haut auf und desinfizieren, indem sie die Bakterien abtöten. Bis der Abszeß aufgeht, ist meist etwas Geduld erforderlich. Wenden Sie die Kompressen so heiß an, wie Sie es vertragen, und lassen Sie sie fünf bis zehn Minuten aufliegen. So oft wiederholen, bis der Eiter abfließt. Achtung: Der Eiter ist sehr infektiös. Werfen Sie gebrauchte Kompressen sofort in die Toilette und waschen Sie ihre Hände gründlich.

Wann zum Arzt?

Tiefliegende oder sehr große Abszesse müssen vom Arzt durch einen chirurgischen Schnitt geöffnet werden. Empfohlen wird, bei einem Abszeß, der größer als eine Haselnuß ist, zum Arzt zu gehen, und natürlich dann, wenn Schmerzen und Fieber auftreten. Auch wenn Sie immer wieder unter Abszessen oder Furunkeln leiden, sollten Sie sich von einem Arzt untersuchen lassen; es könnte zum Beispiel eine Zuckerkrankheit (Diabetes) dahinterstehen.

Zur Vorbeugung

Abszesse und Furunkel sind häufiger bei Menschen mit Übergewicht. Abnehmen bringt hier oft Besserung. Achten Sie darauf, daß Achselhöhlen und Leistenbereich sauber und trocken gehalten werden, denn Bakterien vermehren sich vor allem in feuchten, warmen Bereichen.

Betupfen Sie die gefährdeten Stellen vorbeugend morgens und abends mit kaltem Lapacho-Tee. Voll- oder Teilbäder mit Lapacho-Tee, ein- bis zweimal wöchentlich durchgeführt, unterstützen die Behandlung und beugen neuen Abszessen vor.

Akne

Die Akne ist eine chronische Hauterkrankung, die oft in der Pubertät auftritt und bei manchen Menschen auch noch im Erwachsenenalter fortbesteht. Durch eine übermäßige Talgproduktion werden die Haarfollikel verstopft; in dem Talgpfropf setzen sich Bakterien fest und lösen eine lokale Entzündung mit einer eitrigen Pustel aus. Betroffen sind meist Gesicht, Schultern und Rücken, weil sich hier besonders viele Talgdrüsen befinden. Die Aknepusteln sind begleitet von Rötungen, Mitessern und Schwellungen. Sobald Pusteln abheilen, bilden sich an anderer Stelle neue – ein Krankheitsprozeß, der viele Jugendliche fast zur Verzweiflung bringt. Die Ursachen der Akne sind unklar. Man nimmt an, daß die erhöhte Talgproduktion auf hormonelle Schwankungen zurückgeht. Auch eine zu zucker- und fettreiche Ernährung steht unter Verdacht, Akne zu fördern.

Die Behandlung

Bei der Behandlung müssen Sie Geduld aufbringen, ein sichtbarer Erfolg stellt sich oft erst nach Wochen ein. Drücken Sie Aknepickel nie aus, da sonst unschöne Narben entstehen und durch das Quetschen benachbarte Hautbereiche infiziert werden. Betupfen Sie die entzündeten Stellen mehrmals täglich mit Lapacho-Tee. Tränken Sie Wattepads in heißem, starkem Lapacho-Tee (zwei Eßlöffel auf 1/2 Liter Wasser – Sie können den Tee ruhig 15 Minuten kochen lassen; er wird dann zwar bitter, löst aber optimal alle Wirkstoffe) und behandeln Sie damit gezielt Pickel und Pusteln: die Pads fünf bis zehn Minuten aufliegen lassen, dann aus Hygienegründen wegwerfen. Es ist aber nicht empfehlenswert, die Haut mit Lapacho-Tinktur oder alkoholischem Gesichtswasser zu behandeln, weil dadurch die Talgproduktion angeregt werden kann und die Haut zu sehr gereizt wird. Innerlich wirkt Lapacho-Tee bei Akne, indem er Giftstoffe aus dem Körper leitet und für eine regelmäßige Verdauung sorgt.

Zusätzlich zur Selbstbehandlung mit Lapacho-Tee kann der Hautarzt oder eine medizinische Kosmetikerin unter sterilen Bedingungen Pusteln entfernen. Auch hier bleibt der Erfolg aber nur bestehen, wenn Sie die Haut weiterhin täglich gründlich reinigen und mit Lapacho-Tee behandeln.

Ekzem

Als Ekzem bezeichnet man eine juckende, meist großflächige Hautentzündung. Die Haut ist gerötet, manchmal von Schuppen oder Bläschen bedeckt. Die Ursachen eines Ekzems sind oft nicht bekannt. Sind sie allergischer Natur, spricht man von einem atopischen Ekzem. Auslöser können Sonnenstrahlen und chemische Stoffe sein. Der oft unerträgliche Juckreiz führt unweigerlich dazu, daß sich die Betroffenen kratzen, was die Beschwerden verschlimmert. Sehr häufig sind Ekzeme an den Händen. Das kann die Folge des Umgangs mit Wasch- und Spülmitteln sein, oft ist die Ursache aber nicht klar zu fassen. Betroffen sind vor allem die Innenflächen der Hände. Es bilden sich juckende Blasen, die Haut rötet sich, bildet Schuppen und verschorft. Auch im Bereich von Krampfadern können ekzemartige Hautentzündungen auftreten.

Die Behandlung

Behandeln Sie die betroffenen Hautpartien mit Auflagen, die in starkem Lapacho-Tee getränkt wurden. Als angenehm wird zumeist eine kalte Auflage empfunden, die den Juckreiz mildert. Sind die Hände betroffen, baden Sie sie für 15 bis 20 Minuten in kaltem Lapacho-Tee.

Da bei einem Ekzem die Haut stark ausgetrocknet ist, sollten Sie die betroffenen Stellen nach der Lapacho-Auflage gründlich trocken tupfen und dick mit Vaseline einreiben. Mit einer Baumwollbinde abdecken, um das Kratzen zu verhindern. Direkt auf der Haut sollte nur reine Baumwolle getragen werden. Beachten Sie dabei, daß Unterwäsche aus Baumwolle oft mit Synthetikbündchen und -etiketten versehen ist. Babys mit Ekzem im Windelbereich (Windeldermatitis) nur mit Baumwollwindeln wickeln.

Erfrierungen

Wie bei Verbrennungen unterscheidet man bei Erfrierungen drei Schweregrade: Bei Erfrierungen ersten Grades wird die Haut zunächst blaß, dann läuft sie rot oder bläulich an. Erfrierungen zweiten Grades färben die Haut tiefrot, es können Blasen entstehen. Bei Erfrierungen dritten Grades sterben die betroffenen Hautbereiche ab (Frostbrand).

Ursachen für Erfrierungen sind natürlich Frost und Kälte, wobei Durchblutungsstörungen und naßkalter Wind das Risiko erhöhen. Bei Erfrierungen zweiten und dritten Grades handelt es sich meist um Notfälle, das heißt, die Betroffenen sind in der Regel auch stark unterkühlt und müssen deshalb unverzüglich ins Krankenhaus.

Die Behandlung

Leichte Erfrierungen und Unterkühlungen der Hände und Füße können Sie sehr gut mit wechselwarmen Lapacho-Teilbädern behandeln. Baden Sie die Hände oder Füße fünf Minuten in 37 Grad warmem Lapacho-Tee, dann tauchen Sie sie für 15 Sekunden in ungefähr 15 Grad kaltes Wasser. Mehrmals wechseln. Lapacho-Tee und der Temperaturunterschied regen die Durchblutung der Haut stark an. Frostbeulen betupfen Sie mehrmals täglich mit Lapacho-Tinktur. Auch hier helfen wechselwarme Bäder.

Fußpilz

Fußpilz wird von einer speziellen Art von Hautpilzen, den sogenannten Dermatophyten, verursacht. Die Dermatophyten benötigen für ihre Vermehrung feuchte, warme Bedingungen. Deshalb ist Fußpilz selten in Gegenden, in denen die Menschen viel barfuß gehen. Eine Infektion mit Fußpilz macht sich bemerkbar durch starkes Jucken zwischen den Zehen. Die Haut reißt auf und schält sich. In die Hautrisse können Bakterien eindringen, welche Entzündungen verursachen.

Unter Fußpilz leiden vor allem Menschen, die zu Schweißfüßen neigen und bei denen zuwenig Luft an die Füße kommt. Er kann sehr hartnäckig sein, insbesondere wenn man sich immer wieder neu ansteckt, indem man zum Beispiel Strümpfe aus Synthetik trägt. Fußpilze überleben die 30-Grad-Wäsche und können dann den Träger aufs neue befallen.

Die Behandlung

Fußbäder mit Lapacho-Tee töten die Dermatophyten ab und regulieren zudem die Schweißproduktion. Nehmen Sie im akuten Fall täglich zwei Fußbäder von 20minütiger Dauer. Pinseln Sie die Zwischenräume zwischen den Zehen mit Lapacho-Tinktur ein.

Zur Vorbeugung

Regelmäßige Fußbäder mit Lapacho-Tee beugen auch Fußpilzerkrankungen vor. Gehen Sie oft barfuß. Tragen Sie Schuhe, die weit genug sind, daß der Fuß darin gut atmen kann, und Strümpfe aus Baumwolle. Benutzen Sie in öffentlichen Schwimmbädern die desinfizierende Fußdusche.

Herpes

Der für Herpes typische Bläschenausschlag betrifft vor allem die Lippen. Im Prinzip kann Herpes jedoch überall auf der Haut auftreten. An den erkrankten Stellen ist die Haut zunächst gerötet, sie juckt und spannt sich. Dann bilden sich dichtstehende Bläschen, die sich mit Gewebeflüssigkeit füllen und vereitern. Im Laufe von ungefähr einer Woche trocknen die Bläschen ein, bilden Krusten und nach deren Abfallen rote Flecken, die nur allmählich verblassen.

Man schätzt, daß zirka 80 Prozent aller Erwachsenen Träger des Herpesvirus sind, aber längst nicht jeder davon bekommt auch den Bläschenausschlag. Das heißt, in vielen Fällen ist das Immunsystem in der Lage, die Herpesviren unter Kontrolle zu halten. Die Betroffenen wissen, daß der

Bläschenausschlag vor allem in Zeiten auftritt, in denen sie durch Streß belastet sind oder eine Erkältung ausbrüten oder auch, wenn sie starker UV-Strahlung ausgesetzt waren. Dadurch werden die körpereigenen Abwehrkräfte überlastet, und das Virus wird aktiv.

Die Behandlung

Lapacho-Tee ist wegen seiner antiviralen und immunstärkenden Eigenschaften das Mittel der Wahl bei der Herpes-Behandlung. Trinken Sie zur allgemeinen Kräftigung des Immunsystems regelmäßig Lapacho-Tee; zur Umstimmung beginnen Sie mit einer vierwöchigen Kuranwendung. Das ist das beste, was Sie tun können, um die Viren in Schach zu halten.

Sobald Sie die ersten Vorboten des Bläschenausschlags, also Spannungsgefühl und Juckreiz, bemerken, betupfen Sie die betroffenen Stellen stündlich mit ein paar Tropfen unverdünnter Lapacho-Tinktur, die Sie auf ein Wattepad geben. Wenn sich trotzdem Bläschen bilden, setzen Sie die Behandlung fort, denn dann heilen sie zumindest etwas schneller ab. Reizen Sie die Haut nicht zusätzlich durch Seife, Parfüms oder Lippenstift. Da Herpes sehr ansteckend ist, vermeiden Sie im akuten Stadium Hautkontakt mit anderen.

Nesselsucht

Bei Nesselfieber oder Nesselsucht bilden sich juckende Quaddeln auf der Haut. Betroffen sind meist Arme, Beine und Rumpf. Die Quaddeln sind geschwollene Rötungen, sie können pfennig- bis fünfmarkstückgroß sein; manchmal sind sie in der Mitte weißlich gefärbt. Nesselsucht tritt meist plötzlich auf und hält einige Stunden an. Sie ist die Hauptvertreterin der allergischen Hauterkrankungen.

Ursache der Beschwerden ist oft eine Nahrungsmittelallergie, zum Beispiel auf Erdnüsse, Milch, Erdbeeren oder auch Lebensmittel-Zusatzstoffe wie künstliche Konservierungs-, Geschmacks- und Farbstoffe. Aber auch Pollen und Hausstaubmilben stecken häufig hinter der Nesselsucht. Als Reaktion auf diese Substanzen schütten die Hautzellen den Stoff Histamin aus, der die Schwellungen und den Juckreiz verursacht. Meist kommt es nur dann zur Quaddelbildung, wenn zusätzlich noch eine Magen-Darm-Erkrankung vorliegt.

Die Behandlung

Die Behandlung sollte innerlich und äußerlich erfolgen. Waschen Sie die betroffenen Hautpartien mit kaltem Lapacho-Tee ab. Nehmen Sie ein nicht zu heißes Lapacho-Tee-Vollbad. Trinken Sie im akuten Fall über den Tag verteilt sechs Tassen Lapacho-Tee, um die Darmschleimhaut zu stabilisieren. Oft hilft auch eine kurmäßige Anwendung über vier Wochen.

Zur Vorbeugung

Das Allergen herausfinden und konsequent meiden. Achtung: In Fertigprodukten sind sehr oft Konservierungs- und künstliche Farb- und Aromastoffe enthalten, die Hautallergien auslösen können. Leider werden sie häufig auch in Restaurants verwendet. Menschen mit Nesselsucht sind oft sehr sensibel und haben sprichwörtlich eine dünne

Haut. Entspannungstechniken und Meditationsübungen wie Yoga helfen, sich ein dickeres Fell zuzulegen.

Neurodermitis

Die Neurodermitis ist eine quälende, chronische Hauterkrankung mit stark juckenden Hautreizungen, die an ein Ekzem erinnern. Der Juckreiz ist oft so stark, daß sich die Betroffenen blutig kratzen. Die Ursachen für die Erkrankung sind nicht bekannt; man nimmt an, daß sie durch Vererbung und durch die Belastung mit Umweltgiften entsteht. Auch Streß und psychische, emotionale Anspannung verstärken die Neurodermitis oder lösen Schübe aus. Die akute Phase der Erkrankung beginnt meist mit extremem Juckreiz, starker Rötung der Haut, später bilden sich Schuppen und Verkrustungen. Besonders betroffen sind Gesicht, Hals, Gelenkbeugen und Schultern, Nacken und Brust. Die Haut ist ausgetrocknet und rissig.

Neurodermitiker leiden oft auch unter Asthma und Heuschnupfen. Neurodermitis kann in jedem Alter ausbrechen, leider oft auch schon bei Säuglingen. Hier äußert sie sich anfangs als sogenannter Milchschorf auf der Kopfhaut, greift dann aber auf andere Hautpartien über.

Die Behandlung

Lapacho-Tee ist bei Neurodermitis zwar nicht das Mittel erster Wahl, ein Versuch könnte sich aber lohnen. Empfehlenswert ist eine Kuranwendung, in der Sie vier Wochen lang täglich vier bis sechs Tassen Lapacho-Tee zwischen den Mahlzeiten zu sich nehmen. Das fördert die Entgiftung des Körpers und stärkt das Immunsystem.

Äußerlich unterstützen Sie die Behandlung durch Lapa-cho-Tee-Vollbäder. Hier ist es wichtig, daß Sie nach dem Baden eine sehr gute, rückfettende Creme verwenden, da die Haut bei Neurodermitis zum Austrocknen neigt.

Neurodermitis gilt auch als eine psychosomatische Er-krankung. Eine Psychotherapie hat hier in vielen Fällen ge-holfen, und sei es nur dadurch, daß sie die Patienten un-terstützt, mit den unschönen Symptomen der Erkrankung besser fertig zu werden.

Eine Umstellung der Lebensweise, längere Aufenthalte im Hochgebirge oder an der Nordsee (beide Gebiete sind relativ allergenfrei, an der See wirkt der hohe Aerosolge-halt der Luft zusätzlich heilend) können ebenfalls helfen.

Schuppenflechte

Die Schuppenflechte ist, anders als Ekzem, Neurodermitis und Nesselsucht, in der Regel nicht mit einem Juckreiz ver-bunden. Auf der Haut bilden sich kleine, entzündete, rötli-che Erhebungen, die mit Hautschuppen bedeckt sind. Ritzt man mit dem Fingernagel über die Schuppen, so brechen sie auf wie die Oberfläche einer Kerze. Betroffen sind zumeist Knie, Ellenbogen, Kopfhaut sowie Rumpf und Rücken.

Die Ursache der Schuppenflechte liegt darin, daß sich in den betroffenen Regionen der Haut die Zellen etwa zehn-mal so schnell neu bilden wie bei der gesunden Haut. Da-durch häufen sich die Hautzellen zu kleinen, scheibenför-migen Buckeln auf, die von abgestorbenen Hautschuppen bedeckt sind. Auch das Wachstum der Nägel kann gestört sein. Was diese Hautveränderungen auslöst, ist nicht be-kannt. Sie werden durch psychische Belastungen und Streß verstärkt.

Die Behandlung

Die Behandlung zielt darauf ab, die Schuppen und Hautverdickungen aufzuweichen und damit die Symptome zu lindern. Lapacho-Tee, angewendet als Teil- oder Vollbad oder in Kompressen, trägt zu diesem Effekt bei. Getrunken stärkt er das Immunsystem und reinigt den Körper von Abfall- und Giftstoffen, die möglicherweise die Beschwerden verstärken.

Bestrahlungen mit UV-Licht und generell frische Luft, die an die Haut gelangt, werden empfohlen. Manche Ärzte raten auch zu einer kaliumfreien Ernährung, das heißt, zum Verzicht auf Kartoffeln und Hülsenfrüchte.

Schürfwunden

Schürfwunden sind meist harmlos, sofern sie nicht zu ausgedehnt sind und sofern sie nicht durch Krankheitskeime verunreinigt werden. Heilen Schürfwunden schlecht ab, nässen und eitern sie, so liegt das meist daran, daß Bakterien in das verletzte Gewebe eingewandert sind. Aber auch Hautverletzungen, die immer wieder – wie es an den Händen oft der Fall ist – durchnäßt werden, sind hartnäckig und können unschöne Narben hinterlassen.

Die Behandlung

Desinfizieren Sie die frische Schürfwunde mit einer starken Lapacho-Teeabkochung oder mit Lapacho-Tinktur. Kleinere Wunden heilen am besten ab, wenn man sie nicht bedeckt, so daß Luft an sie gelangt. Großflächige Wunden, etwa ab der Größe eines Fünfmarkstücks, sollten mit einer sterilen Mullbinde locker abgedeckt werden. Tupfen Sie nässende, schlecht heilende Wunden vorsichtig immer wieder mit starkem Lapacho-Tee oder mit Lapacho-Tinktur ab. Auflagen sollten Sie aber nicht machen, damit schützende Hautkrusten, die sich gebildet haben, nicht aufgeweicht werden.

Schwitzen, übermäßiges

Übermäßiges Schwitzen kann sehr unangenehm sein, insbesondere bei feuchten Händen und starkem Fußschweiß. Das Schwitzen begünstigt zudem das Auftreten von Wundsein und Hautentzündungen. Die Überproduktion der Schweißdrüsen ist in den meisten Fällen anlagebedingt und wird durch Nervosität, Aufregung und Angst, aber auch durch bestimmte Nahrungsmittel (scharfe Gewürze), Kaffee und Alkohol verstärkt. In den Wechseljahren treten, bedingt durch Hormonschwankungen, häufig Hitzewallungen mit Schweißausbrüchen auf.

Die Behandlung

Da Lapacho-Tee kein Koffein enthält, eignet er sich sehr gut als Getränk für Menschen, die unter starker Schweißbildung leiden.

Fuß- und Handbäder mit lauwarmem Lapacho-Tee beruhigen die Schweißdrüsen, ziehen die Haut zusammen und beugen auch Entzündungen und dem Wundsein vor. Es hilft auch, die Hände, Füße und Achselhöhlen immer wieder mit einigen Tropfen Tinktur einzureiben. Als Ganzkörperbehandlung empfehlen sich nicht zu heiße Vollbäder mit dem Zusatz von Lapacho-Tee und auch Ganzkörperabreibungen.

Tragen Sie Kleidung aus Naturfasern (Baumwolle, Leinen, Seide), die den Schweiß gut aufnehmen. Kleiden Sie sich nach dem Zwiebelschalenmodell: Tragen Sie mehrere dünne Kleidungsstücke übereinander, die Sie im Bedarfsfall ohne Probleme zum Teil ausziehen können.

Sonnenbrand

Bei einem Sonnenbrand hat das ultraviolette Licht der Sonnenstrahlen oder eines Geräts im Sonnenstudio Zellen in der äußeren Hautschicht zerstört und – in schwereren Fällen – auch die kleinen Blutgefäße der Haut angegriffen. Die Haut spannt, ist gerötet und juckt. Bei einem schweren Sonnenbrand bilden sich Blasen, genau wie bei einer Verbrennung zweiten Grades (siehe S. 116). Zugleich können Kopfschmerzen, Fieber, Schüttelfrost und Durchfälle auftreten.

Sonnenbrand wie überhaupt starke UV-Strahlung beschleunigt die Hautalterung und ist eine der Hauptursachen für Hautkrebs. An seiner Entstehung sind Freie Radikale beteiligt, die die Zellen zerstören.

Die Behandlung

Lapacho-Tee ist ein sehr gutes Erste-Hilfe-Mittel bei Sonnenbrand. Seine die Gefäße zusammenziehende (adstringierende) Wirkung lindert die Beschwerden. Zudem hilft er, den Säureschutzmantel der geschädigten Haut wieder aufzubauen. Tränken Sie ein Baumwoll- oder Leinentuch mit eiskaltem Lapacho-Tee oder geben Sie zehn Tropfen Lapacho-Tinktur auf ein feuchtes Tuch und legen Sie es auf die verbrannten Stellen. Wechseln Sie die Auflage, sobald sich das Tuch erwärmt.

Achtung: Wenn sich die Haut bereits löst, können Krankheitserreger in das Gewebe eindringen. Sterilisieren Sie deshalb das Baumwoll- oder Leinentuch, indem Sie es einige Minuten bei höchster Temperatur bügeln.

Bei Sonnenbrand sollten Sie viel trinken, weil der Körper durch die lange Sonneneinwirkung auch Wasser verloren hat. Lapacho-Tee ist hier wegen seiner Eigenschaft als Radikalenfänger zu empfehlen.

Verbrennungen

Schon kurzfristige Erhitzungen der Haut auf über 46 Grad können Verbrennungen zur Folge haben. Die Hautzellen werden geschädigt und sterben ab. Die meisten Verbrennungsunfälle passieren im Haushalt und in der Freizeit, durch das Verbrühen mit kochenden Flüssigkeiten, das Berühren der Herdplatte oder eines Bügeleisen. Großflächige, tiefgehende Verbrennungen sind lebensgefährlich. Rufen Sie sofort den Notarzt! Man unterscheidet Verbrennungen ersten, zweiten und dritten Grades.

Von einer Verbrennung ersten Grades ist nur die oberste Hautschicht (Epidermis) betroffen. Die Haut ist gerötet und schmerzt. Sie kann sich vorübergehend bräunlich verfärben. Die Verbrennung zweiten Grades geht mit der Bildung von Blasen einher, die mit Gewebeflüssigkeit gefüllt sind. Unter der Blasendecke wird eine hochrote, nässende Hautschicht sichtbar. Die verbrannte Stelle schmerzt stark. Bei einer Verbrennung dritten Grades sind auch tiefere Hautschichten betroffen. Das Gewebe ist verkohlt, manchmal auch weißlich abgestorben. Die Schmerzen sind extrem stark, können manchmal aber auch ausbleiben, nämlich dann, wenn Nerven zerstört sind.

Die Behandlung

Bei Verbrennungen ist die richtige Erste Hilfe wichtig. Halten Sie die verbrannte Stelle sofort lange (bis zu einer halben Stunde) unter fließendes kaltes Wasser.

Tränken Sie eine kalte, feuchte Kompresse mit kaltem Lapacho-Tee oder geben Sie zehn Tropfen Lapacho-Tinktur darauf und legen Sie diese auf die verbrannte Stelle auf. Abnehmen, sobald sich die Auflage erwärmt hat, und erneuern. Achten Sie unbedingt auf Keimfreiheit, öffnen Sie Brandblasen auf keinen Fall!

Wann Sie unbedingt zum Arzt müssen

- Bei großflächigen Verbrennungen,
- wenn ein Säugling/Kind Brandwunden erlitten hat,
- bei allen Verbrennungen durch Strom oder Chemikalien,
- wenn Übelkeit und/oder Fieber auftreten.
- Auch bei allen Verbrennungen im Gesicht sollten Sie einen Arzt konsultieren, weil hier eine sachgerechte Behandlung die Bildung von Narben verhindern kann.

Warzen

Was viele Menschen nicht wissen: Warzen werden durch ein Virus, das humane Papilloma-Virus (HPV), ausgelöst. Warzen sind normalerweise harmlos. Es handelt sich um Wucherungen der Haut, die meistens an verletzungsgefährdeten Stellen auftreten, also zum Beispiel an Händen und Knien oder im Gesicht. Bilden sie sich an den Genitalien, müssen sie sofort ärztlich behandelt werden, denn Warzen am Gebärmutterhals können Krebs begünstigen.

Die Behandlung

Lapacho-Tee wirkt wegen seiner antiviralen Eigenschaft gegen Warzen. Betupfen Sie die Warzen und die benachbarten Hautpartien mit unverdünnter Lapacho-Tinktur. Sind Hände oder Füße befallen, helfen entsprechende Teilbäder mit einer starken Teeabkochung. Achten Sie darauf, daß die Warzen nicht verletzt werden, denn sonst streuen sie das Virus in andere Hautbereiche.

Lapacho-Tee bei Magen- und Darm-Erkrankungen

Lapacho-Tee wirkt auf den Magen-Darm-Trakt ausgleichend und beruhigend. Die regelmäßige Einnahme führt dazu, daß die Darmmotorik angeregt wird. Die Verdauung wird regelmäßiger, der Stuhl weicher, ohne daß es zu unangenehmen Nebenwirkungen wie Durchfall und Bauchschmerzen kommt. In geringen Mengen getrunken (ein bis zwei Tassen täglich), hat Lapacho-Tee eher eine stopfende, in größeren Mengen eine abführende Wirkung. Das ist auf die in ihm enthaltenen Anthrachinone zurückzuführen, die bei geringerer Dosierung stopfend, bei höherer Dosierung hingegen abführend wirken. Diese Besonderheit nennt man in der Pflanzenheilkunde Wirkumkehreffekt.

Da Lapacho-Tee auch gegen Bakterien und Pilze hilft, die den Darm befallen (siehe hierzu auch das Kapitel »Lapacho-Tee bei Infektionserkrankungen und Entzündungen«), ist er ein gutes Mittel bei Entzündungen und Reizungen der Mund-, Magen- und Darmschleimhaut, das sowohl vorbeugend als auch im akuten Fall angewandt werden kann. Die in ihm enthaltenen Gerbstoffe und Saponine kräftigen zudem die Schleimhäute von Mund, Magen und Darm.

Chronische Darmentzündungen

Colitis ulcerosa ist eine chronische, mit Geschwüren einhergehende Entzündung der Dickdarmwand und des Mastdarms. Der Mastdarm (Rektum) ist der zwölf bis 15

Zentimeter lange Endabschnitt des Dickdarms, der in den Afterkanal mündet.

Beim Morbus Crohn kann der gesamte Verdauungstrakt vom Mund bis zum Mastdarm von Entzündungen und Geschwüren befallen sein. Am häufigsten ist jedoch der Dünndarm betroffen.

Beide Erkrankungen sind sehr schwerwiegend und verursachen auf Dauer viele Folgekrankheiten wie Blutarmut, Gewichtsverlust, Darmfisteln, Ekzeme und lebensbedrohliche Komplikationen wie Darmdurchbruch oder Darmverschluß. Die Ursachen beider Krankheitsbilder sind nicht bekannt. Die Schulmedizin verschreibt zur Eindämmung der Entzündungen Medikamente; stark befallene Darmabschnitte werden womöglich operativ entfernt. Die Medikamente der Wahl sind Kortikosteroide (zum Beispiel Cortison) und Sulfasalazin. Beide Mittel haben aber gravierende Nebenwirkungen. Sulfasalazin kann Übelkeit, Kopfschmerzen, Erbrechen und starke allergische Reaktionen auslösen. Cortisonpräparate, insbesondere, wenn sie über lange Zeit eingenommen werden, führen zu Ödemen (typisch ist das aufgeschwollene Cortison-»Mondgesicht«), Bluthochdruck und Diabetes. Da sie die körpereigenen Abwehrkräfte unterdrücken, steigt die Anfälligkeit gegenüber Infektionen an. Wegen der Nebenwirkungen müssen die Medikamente irgendwann abgesetzt werden, die Patienten fühlen sich nun völlig der Krankheit ausgeliefert.

Man nimmt heute an, daß es sich bei Colitis ulcerosa und Morbus Crohn um sogenannte Autoimmunkrankheiten handelt. Aus unbekannten Gründen greifen die Abwehrzellen des Immunsystems körpereigenes Gewebe an. Streß und psychische Belastung können Erkrankungsschübe auslösen oder die Symptomatik verschlimmern. Beide Krankheiten zählen deshalb auch zu den klassischen psychosomatischen Erkrankungen.

Die Behandlung

Es wäre vermessen zu behaupten, Lapacho-Tee könne Colitis ulcerosa oder Morbus Crohn heilen. Es gibt jedoch Berichte von Betroffenen, die durch Lapacho-Tee ihre Beschwerden deutlich lindern konnten oder sogar beschwerdefrei wurden. Da Lapacho-Tee keine Nebenwirkungen hat, ist ein Versuch auf jeden Fall zu empfehlen. Allerdings wird sich eine Wirkung nicht sofort einstellen, sondern unter Umständen erst nach Wochen. Auch nach dem Abklingen der Symptome muß Lapacho-Tee weiter getrunken werden.

Achten Sie bei der Einnahme von Lapacho-Tee genau darauf, wie er Ihnen bekommt. Wählen Sie eine gestaffelte Dosierung: Beginnen Sie mit einer Tasse täglich, am besten am Vormittag eingenommen, und zwar lauwarm. Steigern Sie die Trinkmenge alle zwei Tage um eine Tasse.

Durchfall (Diarrhöe)

Durchfall, das heißt ein wäßriger Stuhl mehrmals am Tag, ist an sich keine Erkrankung, sondern nur die Folge davon. Hierbei kann es sich um eine harmlose Magenverstimmung, aber auch eine schwere Infektion handeln. Die starken Darmbewegungen können kolikartige Bauchschmerzen verursachen, auch Erbrechen kann auftreten. Durch die vermehrte Stuhlausscheidung versucht der Körper, Giftstoffe, zum Beispiel verdorbene Nahrungsmittel, so schnell wie möglich loszuwerden. Deshalb ist es nicht sinnvoll, den Durchfall sofort zu unterdrücken. Bedenklich wird er erst, wenn er länger als zwei Tage anhält. Tritt Durchfall dagegen sehr häufig auf und/oder dauert er mehrere Tage, sollten Sie auf jeden Fall einen Arzt aufsuchen.

Achtung: Bei kleinen Kindern und älteren Menschen kann Durchfall zu einem unter Umständen lebensbedrohlichen Wasserverlust (Dehydration) führen.

Am häufigsten wird Durchfall durch verdorbene Speisen, in denen sich schädliche Bakterien gebildet haben, verursacht. Meist handelt es sich um Staphylokokken, die Gifte (Toxine) ausscheiden. Aber auch andere Bakterien und Viren können hinter den Beschwerden stecken. Einen Hinweis darauf gibt die Zeitspanne, innerhalb derer nach einem Essen die Symptome auftreten.

Wie lange nach dem Essen tritt Durchfall auf?	Möglicher Erreger
binnen sechs Stunden	Staphylokokken
nach sechs bis zwölf Stunden	Clostridien
nach zwölf bis 48 Stunden	Salmonellen, Viren, Camphylobacter-Bakterien

Als weitere Auslöser sind Nahrungsmittelallergien, Streß und Angstzustände zu nennen – nicht umsonst spricht der Volksmund von »Schiß haben«. In unseren Breitengraden selten ist Durchfall durch Bakterienruhr, Typhus und Paratyphus.

Die Behandlung

Trinken Sie im akuten Fall über den Tag verteilt einen Liter Lapacho-Tee, den Sie mit Wasser auf die Menge von zwei Litern strecken. Wenn Sie dem verdünnten Tee noch ein bis zwei Teelöffel Kochsalz und zirka 20 Teelöffel Zucker zugeben, gleichen Sie damit den Elekrolytverlust aus. Diese Mischung ist zudem preisgünstiger als fertig gekaufte Elektrolytgetränke.

An erster Stelle bei der Behandlung steht der Ersatz von Flüssigkeit und Elektrolyten, die verloren gegangenen sind. Lapacho-Tee enthält viele Mineralstoffe, die hier ausgleichend wirken. Die in ihm enthaltenen Gerbstoffe stabilisieren die Darmschleimhaut. Lapacho-Tee stoppt aber den Durchfall nicht abrupt, wie es zum Beispiel Kohletabletten tun, die zur Folge haben, daß die Giftstoffe länger im Darm bleiben, sondern bremst ihn lediglich aus. Gleichzeitig tötet er Bakterien und Viren ab, ohne die natürliche Darmflora zu schädigen.

Entzündungen und Geschwüre der Mundschleimhaut

Entzündungen der Mundschleimhaut äußern sich in weißen, eitrigen Stellen, die mit einem roten, entzündeten Rand umgeben sind. Am häufigsten sind die sogenannten Aphthen, die an der Innenseite der Wangen, innen an den Lippen oder auf der Zunge vorkommen können. Ihre Ursache liegt meist in kleinen Verletzungen der Mundschleimhaut, die entstehen, wenn man sich zum Beispiel versehentlich zu fest auf die Zunge oder die Lippen beißt. In die Verletzungen gelangen Speisereste, was sehr schmerzhaft ist, oder auch Viren und Bakterien; dadurch wird die entzündliche Abwehrreaktion des Körpers ausgelöst.

Die Behandlung

Spülen Sie den Mund stündlich mit warmem (vorher abgekochtem) Wasser, dem Sie einige Tropfen Lapacho-Tinktur beigegeben haben. Man rechnet 20 Tropfen auf 100 Milliliter Wasser. Oder nehmen Sie zum Spülen einen etwas stärkeren Lapacho-Tee und spucken Sie ihn nach dem Spülen aus. Berühren Sie die entzündeten Stellen nicht mit den Fingern, da sonst die Gefahr einer erneuten Verunreinigung besteht. Wenn die Entzündung nicht innerhalb von zwei Wochen abheilt oder immer wieder aufkeimt, sollten Sie zum Arzt gehen, um auszuschließen, daß eine ernstere Erkrankung wie eine Anämie (Blutarmut) oder eine Gingivitis (akute oder chronische Entzündung des Zahnfleisches) dahintersteckt.

Hefepilzbefall des Darms mit Candida albicans

Da Hefepilzinfektionen mit dem Pilz Candida albicans auf dem Vormarsch sind und Lapacho-Tee sich als ein sehr wirksames Mittel gegen diese Erkrankungen erwiesen hat (vergleiche S. 71), soll an dieser Stelle etwas ausführlicher auf das Krankheitsbild eingegangen werden. Insbesondere ein Befall des Darms mit Candida albicans wird oft nicht erkannt. Immer mehr Menschen leiden jedoch unter einem krankhaften Befall des Magen-Darm-Trakts mit Hefepilzen (Fachausdruck: Mykose), es sind bis zu 40 Prozent der Bevölkerung davon betroffen. Hinter einem nicht abheilenden Hautausschlag, chronischen starken Blähungen, Abgeschlagenheit und Müdigkeit kann eine Infektion mit Pilzen stehen.

Da der Pilzbefall jedoch keine einheitlichen Beschwerden hervorruft, wird er vom Arzt oft übersehen – zumal die Mediziner im Studium immer noch wenig über die Mykologie, die Lehre von den Pilzerkrankungen, erfahren.

Die Symptome einer Candida-Pilzinfektion

Blähungen	Gewichtszunahme
Blasenentzündung,	Hautausschlag
chronische	Heißhunger auf Süßes
Ekzem an After und	Mundgeruch
Genitalien	Scheidenentzündung,
Erschöpfung, Müdigkeit	chronische
Gelenkschmerzen	

Am häufigsten unter den Pilzinfektionen sind Infektionen mit dem Hefepilz Candida albicans, der normalerweise nicht im menschlichen Körper vorkommt. Er ist jedoch überall in der Umwelt vorhanden und gelangt über Kontakt (Hände, Füße) letztlich in den Magen-Darm-Trakt. Bei einem gesunden Menschen wird das Immunsystem leicht mit den Eindringlingen fertig. Anders ist dies jedoch bei Babys, bei denen sich das Immunsystem erst im Aufbau befindet, und bei alten und kranken Menschen mit geschwächter Immunabwehr.

Auch die Einnahme bestimmter Medikamente trägt zu einer Anfälligkeit gegenüber Pilzinfektionen bei. Dazu gehören Antibiotika, Cortison und die Anti-Baby-Pille. Experten vermuten, daß insbesondere der starke Verbrauch von Antibiotika den Vormarsch der Mykosen verursacht hat. Mit mangelnder Hygiene und Sauberkeit hat eine Pilzerkrankung jedoch nichts zu tun. Rabiates und häufiges Waschen (etwa bei juckenden Ausschlägen im Intimbereich) hilft gar nichts, sondern schadet sogar, weil der natürliche Säureschutzmantel der Haut dadurch zerstört wird.

Haben die Pilze erst einmal das Abwehrsystem überlistet, nisten sie sich in der Darmschleimhaut ein und vermehren sich rasant. Zur Ernährung benötigen sie Zucker und leicht verdauliche Kohlenhydrate (Weißmehl). Ihre Ausscheidungen – darunter auch Fuselalkohole – sind für einen Teil der Beschwerden verantwortlich. Lebensgefährliche Komplikationen können entstehen, wenn die Pilze die Darmwand durchdringen und die inneren Organe – bevorzugt Herz und Nieren – befallen. Eine solche Organmykose ist zum Glück sehr selten. Aber auch die genannten Beschwerden reichen aus, um auf jeden Fall eine Behandlung zu indizieren.

Im Labor können übrigens in Stuhlproben und Abstrichen aus der Mundschleimhaut Pilze einwandfrei nachgewiesen werden.

Die Behandlung

Es wird oft behauptet, zur Behandlung eines starken Pilzbefalls reiche eine Diät oder striktes Fasten aus. Das stimmt nicht. »Eher verhungert der Patient als der Pilz«, sagen Experten dazu. Fasten kann sogar gefährlich sein: Wenn Pilze keine Kohlenhydrate mehr zugeführt bekommen, können sie – auf der Suche nach Nahrung – die Darmwand durchdringen und innere Organe befallen. Man muß also auch etwas tun, um den Pilz selbst direkt zu bekämpfen.

Dazu steht mit dem Lapacho-Tee ein hochwirksames Mittel zur Verfügung.

Er hemmt erwiesenermaßen Candida-Pilze an der Vermehrung und tötet sie ab. Er stärkt zudem das Immunsystem, so daß es besser mit den Pilzen fertigwird. Wichtig ist es jedoch, den Candida-Pilz auf breiter Front anzugreifen. Behandelt man nur ein Ekzem im Mund (zum Beispiel die Mundfäule), so wandert der Pilz immer wieder neu aus dem Darm in den Mundraum ein.

Versuchen Sie es im akuten Fall mit einer Lapacho-Tee-Kuranwendung. Trinken Sie vier Wochen lang täglich sechs Tassen. Wiederholen Sie die Kur im Bedarfsfall nach einer Pause von einem Monat. Spülen Sie den Mund regelmäßig mit Lapacho-Tinktur aus (zehn Tropfen auf 100 Milliliter Wasser).

Fahren Sie dann zur Vorbeugung einer Neuinfektion und zur Stärkung des Immunsystems mit zwei Tassen Lapacho-Tee täglich fort.

Unterstützende Diät

Zur *Unterstützung* der Therapie ist aber eine Diät sehr sinnvoll. Eine Anti-Pilz-Diät muß möglichst zuckerfrei sein. Wer wenig Süßigkeiten, Kuchen und Limonaden zu sich nimmt, bietet letztlich dem Hefepilz nicht das, was er braucht. So vermeidet man eine Neubesiedlung des Darms mit den ungebetenen Gästen – und tut gleichzeitig etwas gegen Übergewicht und Karies.

Richtlinien für eine Anti-Pilz-Diät

Zu vermeiden sind:
  alle Zuckerarten (auch Honig und Fruchtzucker) und stark gesüßte Speisen wie Marmelade, Pudding, Konfekt
  Mehlspeisen wie Kuchen, Kekse, Brot, Grieß, Reis, Nudeln.
  Säfte, Limonaden, Cola, Süßweine, Liköre.
  Kohl, Hülsenfrüchte, rohes Obst, Kompott.
Erlaubt sind:
  Fleisch, Geflügel, Fisch, Eier, Gemüse, Salate, Kartoffeln
  ungesüßte Getränke, auch trockener Weißwein, Milch
  Ballaststoffe (Gemüse, Salate, Kleie) helfen, die Hefenester aus dem Darm auszuräumen.

Magenschleimhautentzündung

Die Magenschleimhaut kleidet das Innere des Magens aus. Sie schützt die Magenwände vor der starken Magensäure, vor Bakterien und vor Reizstoffen aus der Nahrung. Man unterscheidet eine akute und eine chronische Form der Gastritis. Die akute setzt in einem plötzlichen Anfall ein und äußert sich in starken, krampfartigen Schmerzen im Oberbauch. Diese treten oft verstärkt nach dem Essen auf und gehen mit Übelkeit und Brechreiz einher. Die Magenschleimhaut kann einreißen und bluten, das Blut färbt dann den Stuhl schwarz.

Die chronische Magenschleimhautentzündung bildet sich oft nach einer akuten Gastritis aus, die nicht richtig geheilt wurde. Auch bei andauernden Reizungen durch Alkohol, bestimmte Medikamente (zum Beispiel Aspirin) und durch das Rauchen kann sich eine chronische Gastritis entwickeln. Zu Magengeschwüren kommt es, wenn die Entzündung die Magenschleimhaut an manchen Stellen so beschädigt hat, daß die Magensäure das Gewebe der Magenwand angreift. Dann hat man vor allem bei leerem Magen starke Schmerzen.

Bis vor wenigen Jahren nahmen die Mediziner an, daß die Hauptursache der Magenschleimhautentzündung und des Magengeschwürs in einer Übersäuerung des Magens zu suchen sei. Deshalb behandelte man diese Erkrankungen mit sogenannten Antazida, die die Säuresekretion reduzieren. Seit Anfang der neunziger Jahre hat hier ein Umdenken stattgefunden. Man glaubt nun, daß es vor allem ein Bakterium ist (Helicobacter pylorum), welches die Magenschleimhaut schädigt und die Erkrankungen verursacht. Helicobacter-Bakterien werden bei Magenkranken in fast allen Gewebeproben des Magens gefunden. Die schulmedizinische Behandlung sind Antibiotika.

Die Behandlung

Da Lapacho-Tee eine starke antibiotische Wirkung hat, liegt es auf der Hand, daß er vor allem vorbeugend gegen, aber auch im akuten Fall bei Magenschleimhautentzündungen hilft. Er ist zudem magenschonend; die in ihm enthaltenen Saponine und Gerbstoffe schützen die Magenschleimhaut.

Trinken Sie bei akuten Beschwerden einige Tage lang drei bis vier Tassen Lapacho-Tee über den Tag verteilt, nicht zu heiß, und am besten zwischen den Mahlzeiten. Zur Vorbeugung reichen später zirka zwei Tassen täglich.

Verzichten Sie auf starke Gewürze, Alkohol und Zigaretten; rauchen Sie zumindest auf keinen Fall auf nüchternen Magen.

Reizdarm

Bei einem Reizdarm (auch Reizkolon genannt) ist der Dickdarm (Kolon) betroffen. Wer unter einem Reizdarm leidet, hat immer wieder mit Bauchschmerzen, unregelmäßiger Verdauung und starken Blähungen zu tun, wobei sich Verstopfung und Durchfall ablösen können. Die körperliche Untersuchung beim Arzt ergibt aber keinen organischen Befund. Die Darmstruktur ist normal, eine Infektion mit Bakterien, Viren oder Pilzen kann ausgeschlossen werden. Hauptgrund für die Beschwerden ist vermutlich eine Funktionsstörung der unwillkürlichen Muskeln und Nerven des Dickdarms – woher diese jedoch kommt, ist bislang unbekannt. Wichtige Auslöser sind aber mit Sicherheit psychische Belastungen und Streß. Auch eine einseitige ballaststoffarme Ernährung kann zu den genannten Beschwerden führen.

Die Behandlung

Lapacho-Tee gleicht die Darmmotorik aus. Er bremst Durchfall, löst Verstopfungen und entkrampft den Dickdarm. Wenn Sie zu einem Reizdarm neigen, nehmen Sie vorbeugend täglich zwei bis drei Tassen Lapacho-Tee zwischen den Mahlzeiten zu sich; im akuten Fall bis zu sechs Tassen täglich.

Zusätzlich hilft eine Umstellung der Ernährung auf mehr Ballaststoffe – vermeiden Sie dabei aber blähende Speisen wie Kohl und Hülsenfrüchte. Kauen Sie gut und nehmen Sie sich beim Essen Zeit. Wenn Sie eine Entspannungstechnik wie Autogenes Training oder Progressive Muskelentspannung nach Jacobson erlernen, werden Sie bemerken, daß Sie ruhiger werden und daß sich auch Ihr Darm beruhigt.

Soor

Soor entsteht durch eine Infektion mit dem Soorpilz (Oidium albicans). Auf der Zunge und der Mundschleimhaut bildet sich ein grauweißlicher, zunächst fleckenförmiger Ausschlag, wobei die Flecken im Krankheitsverlauf ineinander zu einem Belag übergehen. Der Mundgeruch ist faulig, die betroffenen Stellen sind sehr schmerzempfindlich. Soor kommt oft vor bei Säuglingen, deren Immunsystem noch nicht voll entwickelt ist, und bei Patienten, die unter einer Immunschwäche leiden. Die Soor-Infektionen sind im Zunehmen begriffen, weil durch häufige Behandlungen mit Antibiotika auch die im Mundraum vorkommenden natürlichen Bakterien zerstört werden.

Die Behandlung

Spülen Sie bis zum Abklingen der Beschwerden den Mund stündlich mit einer Lösung aus Lapacho-Tinktur oder mit reinem Lapacho-Tee aus.

Bei Babys ist das allerdings etwas schwierig, denn sie verstehen natürlich nicht, was Mundausspülen ist. Die alkoholische Tinktur ist zudem für Kinder ungeeignet. Es kann aber helfen, wenn Sie Ihrem Kind Lapacho-Tee, eventuell 50:50 mit Wasser verdünnt, zu trinken geben. Zusätzlich sollten Sie die Soor-Flecken mit einer speziellen, in der Apotheke erhältlichen Bepinselung behandeln.

Verdauungsstörungen

Verdauungsstörungen äußern sich in vielfältigen Symptomen, die darauf zurückgehen, daß die Nahrung nicht vollständig verdaut wird. Bei der Verdauung kommt es zu übermäßigen Gärungsprozessen mit erhöhter Gasbildung. Blähungen, Sodbrennen, Aufstoßen und Darmwinde können die Folge sein. Auch Bauchschmerzen und Übelkeit können auftreten.

Dyspeptische Beschwerden haben oft keine organische Ursache, aber man sollte das natürlich abklären lassen. Sie sind häufig rein nervös bedingt oder Folge einer ungesunden, zu fetten und zuckerhaltigen Nahrung.

Die Behandlung

Die tägliche Einnahme von Lapacho-Tee (zwei bis drei Tassen) wirkt ausgleichend auf die Motorik der Darmmuskulatur und auf die Nerven, die die Darmbewegungen steuern. Sie verhindert, daß sich schädliche Fäulnisbakterien im Darm bilden. Bei hartnäckigen Beschwerden kann zur Umstimmung des Verdauungstrakts auch eine vierwöchige Kuranwendung beitragen.

Verstopfung

Chronische Verstopfung oder Darmträgheit ist eine weitverbreitete Zivilisationskrankheit. Sie ist zwar in der Regel ungefährlich, beeinträchtigt aber das Wohlbefinden in hohem Maße. Oft ist sie begleitet von Blähungen und Völlegefühl. Durch den harten Stuhl und das zu seiner Entleerung notwendige starke Pressen werden Hämorrhoiden begünstigt.

Ursachen der Verstopfung sind meist Bewegungsmangel und eine Ernährung, die zuwenig Ballaststoffe enthält. Auch die häufige Einnahme von Abführtabletten (Laxantien) kann zu Darmträgheit führen, weil sie die Darmmotorik nachhaltig stört.

Die Behandlung

Die Behandlung sollte vor allem vorbeugend sein. Lapacho-Tee hat, wenn Sie täglich größere Mengen, also sechs oder mehr Tassen trinken, eine leicht abführende Wirkung und beugt somit der Darmträgheit wirkungsvoll vor. Sobald sich die Darmtätigkeit normalisiert, reduzieren Sie den Verbrauch.

Nehmen Sie nur im Ausnahmefall starke Laxantien ein und achten Sie auf eine ballaststoffreiche Ernährung mit viel Vollkornprodukten, Gemüse und Obst.

Lapacho-Tee bei Infektions-
erkrankungen und Entzündungen

Lapacho-Tee hemmt das Wachstum von Bakterien, Viren und Pilzen und tötet sie ab, wie bereits an anderer Stelle ausführlich beschrieben wurde. Er wirkt – nicht auch zuletzt deshalb – entzündungshemmend. Und er stärkt das körpereigene Immunsystem, welches Krankheitserreger abwehrt. Es ist plausibel und naheliegend, daß Lapacho-Tee deshalb bei allen Erkrankungen, die auf Infektionen, Bakterien, Viren und Pilzen beruhen und mit Entzündungen einhergehen,

- erstens eine Heilwirkung entfalten kann und
- zweitens schon vorbeugend wirkt.

Die beiden wichtigsten Bereiche seiner Anwendung, nämlich Hauterkrankungen und Erkrankungen im Magen-Darm-Trakt, wurden in den vorangehenden Kapiteln beschrieben. Dort wurden auch schon, aus Gründen der Übersichtlichkeit, infektiöse und entzündliche Erkrankungen behandelt. Da Infektionen und Entzündungen aber auch an vielen anderen Organen auftreten können, wollen wir hier auf die wichtigsten eingehen, bei denen Lapacho-Tee hilft. Es sind dies Infektionen der Atemwege, der Gelenke und des Urogenitaltrakts. Ein Mangel an Abwehrkräften macht den Organimus wehrlos gegenüber Infektionen. Zur Vorbeugung und Bekämpfung dieser Erkrankungen ist deshalb die Stärkung der Abwehrkräfte das erste Gebot.

Abwehrkräftemangel

Die körpereigenen Abwehrkräfte (das Immunsystem) schützen den Organismus vor schädlichen Mikroben wie Bakterien, Viren oder Pilzen. Ist das Immunsystem geschwächt, also nur unzureichend in der Lage, schädliche Eindringlinge abzuwehren, führt dies zu:

• häufigen, immer wiederkehrenden Infektionen
• Müdigkeit, Erschöpfung, Abgeschlagenheit.

Insbesondere häufige oder chronische Erkrankungen wie Erkältungen, Grippe, immer wieder auftretende Herpesbläschen und hartnäckige Infektionen mit Pilzen lassen an einen Abwehrkräftemangel denken.

Was ist das Abwehrsystem?

Der Mensch besitzt viele angeborene Abwehrmechanismen gegen Infektionen. In den äußeren Schutzwällen von Haut und Schleimhaut und auch in der Tränenflüssigkeit werden Bakterien durch Säuren und Enzyme zersetzt. Dringen sie trotzdem in den Körper ein, werden sie von bestimmten weißen Blutkörperchen, den »Freßzellen«, angegriffen und vernichtet. Das Immunsystem hat auch die Fähigkeit, zu lernen und ein »Gedächtnis« zu entwickeln. Nach einer Infektion mit bestimmten Bakterien, Viren, Parasiten oder Pilzen bildet es spezielle Antikörper aus, die zukünftige Neuerkrankungen durch denselben Erreger verhindern. Man spricht dann von Immunität.

Wodurch werden die Abwehrkräfte geschwächt?

Bei Kleinkindern, deren Abwehrkräfte sich erst im Aufbau befinden, und bei alten oder durch Krankheit geschwächten Menschen ist das Immunsystem nur unzureichend in der Lage, schädliche Eindringlinge abzuwehren. Aber ein Mangel an Vitaminen, Mineralstoffen und Bewegung, der besonders im Winter auftritt, kann auch bei gesunden Menschen schnell zu einer Schwächung der Abwehrkräfte führen. Genußgifte wie Nikotin und Alkohol erhöhen den Bedarf an Vitaminen und Mineralstoffen. Streß und Hektik können ebenfalls das Immunsystem beeinträchtigen. Wissenschaftliche Studien haben gezeigt, daß unter Streß die Anzahl bestimmter Abwehrzellen im Blut deutlich absinkt.

Was ist gut für das Immunsystem?

Da wir nicht behaupten wollen, es reiche für Ihre Immunabwehr vollkommen, wenn Sie regelmäßig Lapacho-Tee trinken, aber ansonsten nichts für Ihre Gesundheit tun, wollen wir hier skizzieren, was Sie noch *zusätzlich* für Ihr Immunsystem machen können. Die Abwehrkräfte profitieren von allem, was auch der allgemeinen Gesundheit gut tut.

Vitamin- und Mineralstoffmangel beheben

Eine konsequente Umstellung der Ernährung auf frisches Obst und Gemüse, Vollkorn- und Milchprodukte sichert die Versorgung des Körpers mit den lebensnotwendigen Vitaminen und Mineralstoffen. Auf Alkohol und Nikotin sollte nach Möglichkeit verzichtet werden.

Wurden Infektionskrankheiten mit Antibiotika behandelt, so kann die Folge davon eine Schädigung der natürlichen Darmflora sein. Ein Antibiotikum zerstört nicht nur die Krankheitserreger, sondern auch die Bakterien, die die Darmschleimhaut besiedeln. Diese Bakterien sind aber notwendig, um Vitamine so umzuwandeln, daß sie besser in den Stoffwechsel eingebaut werden können. Bis sich die Darmflora nach einer Antibiotika-Therapie wieder erholt hat, ist es notwendig, dem Körper vermehrt Vitamine, notfalls auch in Form eines guten Multivitaminpräparats, zuzuführen. Durch die Einnahme von Präparaten, die Bifidobakterien und Laktobazillen enthalten, wird die Darmflora wieder aufgebaut.

Bewegung an der frischen Luft

Verbunden mit einer gezielten Umstellung der Ernährung muß eine körperliche Aktivierung stattfinden. Wer sich müde und abgespannt fühlt, sollte sich konsequent tagsüber eine Stunde an der frischen Luft bewegen, das heißt, kräftig ausschreiten, radfahren oder joggen.

Wechselwarme Duschen und Bürstenmassagen

Sie regen den Kreislauf und die Durchblutung der Haut an. Auch ein Besuch in der Sauna (einmal in der Woche) belebt den Körper und steigert die Abwehrkräfte.

Streß abbauen

Durch das Erlernen einer Entspannungstechnik (Tiefenentspannung nach Jacobson oder Autogenes Training)
wird man fähig, Streß besser zu verarbeiten. Gut tut es
auch, einmal am Tag eine halbe Stunde bewußt von allen
äußeren Reizen und Anforderungen abzuschalten.

Asthma

Asthma ist eine allergische Erkrankung, die durch einge-
atmete Allergene verursacht wird. Von Asthma sind ungefähr fünf Prozent der Erwachsenen und zehn Prozent der
Kinder betroffen. Meistens sind Pollen die Verursacher,
aber auch Hausstaubmilben, Schimmelpilze und Tierhaare
lösen bei vielen Menschen Asthma aus. Die Rolle von
Schadstoffen in der Luft ist noch unklar – man nimmt aber
an, daß sie die Sensibilität der Atemwege erhöhen und daß
Giftstoffe, die sich auf Pollen ablagern, deren Allergenität
verstärken.

Die Erkrankung ist chronisch und äußert sich in Anfäl-
len von pfeifendem Atem, starker Atemnot und Erstik-
kungsgefühlen. Solche Anfälle können unter Umständen
tödlich enden. Die allergische Reaktion findet in den Bronchien statt; sie verkrampfen und verengen sich. Durch die
permanente Reizung entzünden sich die Schleimhäute in
den Bronchien und schwellen an, wodurch der Durchmes-
ser der Bronchien noch weiter verringert wird. In der
Schulmedizin gibt es keine direkte Heilung von Asthma.
Trotzdem verlieren sich die Beschwerden bei manchen
Menschen im Laufe der Zeit – warum das so ist, weiß man
nicht. Behandelt werden die Symptome, etwa durch die In-
halation von Medikamenten, die die Bronchien erweitern,

oder auch mit Cortison, das die chronischen Entzündungen eindämmen soll.

Die Behandlung

Die regelmäßige Einnahme von Lapacho-Tee kann die Beschwerden lindern. Das geschieht wahrscheinlich hauptsächlich durch seine entzündungshemmende Wirkung. Ob seine immunstärkende Wirkung auch eine Rolle spielt, darüber kann nur spekuliert werden. Ein geschwächtes Immunsystem kann jedoch die Asthmaanfälle verstärken.

Beginnen Sie die Behandlung mit einer Kuranwendung: einen Monat lang täglich vier bis sechs Tassen Lapacho-Tee, und gehen Sie dann auf eine Dosis von zwei Tassen täglich herunter.

Bevor Sie Dampfinhalationen mit Lapacho-Tee durchführen, fragen Sie unbedingt Ihren Arzt! Inhalationen können manchmal einen Asthmaanfall provozieren.

Zusätzliche Maßnahmen

Längere Aufenthalte an der See und im Hochgebirge wirken sich wohltuend auf die strapazierten Bronchien aus. In beiden Klimagebieten sind Pollen viel seltener, die Hausstaubmilbe kann oberhalb einer Höhe von 1200 Meter nicht existieren. Waschen Sie zur Pollenflugzeit täglich Ihre Haare, damit die Pollen nicht nachts über das Kopfkissen in die Atemwege gelangen. Manchmal kann auch die Homöopathie gute Heilungserfolge bei Asthma erzielen.

Gelenkentzündung

Die Gelenke bilden die beweglichen Verbindungsstellen
zwischen den Knochen. Sie sind von einer Bindegewebs-
hülle, der Gelenkkapsel, umgeben, die mit einer Innenhaut
ausgekleidet ist. Diese sondert eine fadenziehende Flüssigkeit ab, die das Gelenk »schmiert«. Die Enden der Knochen
sind mit einer schützenden Knorpelschicht versehen.
Durch Druck und Reibung werden die Gelenke, insbesondere die Hüft- und Kniegelenke, aber auch die kleinen an
den Händen und Füßen, stark strapaziert. Ein Gelenk entzündet sich durch Überlastung (Beispiel: Tennisellenbo-
gen), das Eindringen von Krankheitserregern (auch ausgelöst durch einen anderen Krankheitsherd wie eitrige
Mandeln oder Zähne) und durch altersbedingte Abnut-
zung. Das betroffene Gelenk schwillt an, rötet sich, wird
heiß und schmerzt. Es ist wichtig, daß die Entzündung gut
ausheilt, da sich sonst dauerhafte Beeinträchtigungen der
Beweglichkeit einstellen können.

Die Behandlung

Wenn die Entzündung akut ist, muß das Gelenk ruhigge-
stellt und gekühlt werden. Hier helfen mit kaltem Lapacho-
Tee getränkte Umschläge, die Sie immer wieder erneuern
sollten, sobald sie warm werden. Sind Gelenke an den
Händen und Füßen betroffen, sollten Sie kalte Teilbäder in
unverdünntem Lapacho-Tee nehmen (zehn Minuten bei ca.
18 Grad Wassertemperatur).
   Innerlich angewandt, bekämpft Lapacho-Tee etwaige
Krankheitserreger und wirkt entzündungshemmend auf
das betroffene Gewebe.
   Nach dem Abklingen der Entzündung helfen warme An-

wendungen in Form von Umschlägen und Bädern, die Beweglichkeit der Gelenke zu fördern. Leichte Bewegungsübungen sind jetzt wichtig, um einer Versteifung entgegenzuwirken. Bei Übergewicht sollten Sie abnehmen, wenn Sie Gelenkprobleme in den Hüften, Knien oder Füßen haben. Auch dabei hilft Lapacho-Tee durch seine entschlackende, verdauungsfördernde Wirkung.

Grippaler Infekt

Die Symptome der »banalen«, auch als Erkältung bezeichneten Grippe sind Husten und Schnupfen, Halsschmerzen, Müdigkeit, Kopfschmerzen und leichtes Fieber. Ursache der Erkankung ist eine harmlose Virusinfektion, die durch Ansteckung übertragen wird. Fieber und Schwächegefühl sind Zeichen dafür, daß die körpereigenen Abwehrzellen den Kampf gegen die Erreger aufgenommen haben. Bei gesunden Menschen ist ein grippaler Infekt meist völlig harmlos, wenn auch natürlich sehr lästig.

Die Behandlung

Schauen Sie zur Behandlung der Symptome unter *Schnupfen* und *Husten* nach. Bei Halsschmerzen können Sie zusätzlich mit heißem Lapacho-Tee oder mit der verdünnten Tinktur (20 Tropfen auf 100 Milliliter Wasser) gurgeln.

Zur Stärkung des Immunsystems empfiehlt es sich, im Spätsommer und am Ende des Winters, bevor jeweils die Erkältungswelle einsetzt, eine vorbeugende Kur mit Lapacho-Tee durchzuführen. Trinken Sie vier Wochen lang täglich über den Tag verteilt vier bis sechs Tassen davon.

Harnwegsinfektion

Der Harn ist bei gesunden Menschen keimfrei. Krankheitserreger können aber von außen, zum Beispiel aus dem Enddarm, in die Harnröhre und Blase einwandern und eine Entzündung auslösen. Unterkühlung und starke mechanische Reizung können zu Harnwegsentzündungen führen, bei denen oft kein Erreger nachzuweisen ist. Männer mit vergrößerter Prostata und Frauen in der Schwangerschaft haben ein größeres Risiko für Entzündungen der Blase und der Harnröhre. Die untrüglichen Symptome sind Brennen beim Wasserlassen und Harndrang, der aber nicht zu einer Entleerung der Blase führt. Bauchschmerzen, Schweregefühl im Unterbauch und leichtes Fieber sowie Spuren von Blut im Urin sind weitere Zeichen.

Die Behandlung

Die Entzündung ist relativ ungefährlich, wenn sie nicht zu den Nieren aufsteigt. Um das zu verhindern, sind Wärme und Bettruhe angesagt. Wichtig ist es, viel zu trinken (im akuten Fall vier Liter täglich), damit die Harnwege gut durchspült werden. Damit können Sie übrigens Harnwegsinfektionen auch schon vorbeugen.

Sitzbäder mit Lapacho-Tee lindern die Verkrampfungen, die oft mit einer Harnwegsentzündung einhergehen.

Als Getränk ist Lapacho-Tee, auch verdünnt mit Apfelsaft und Mineralwasser, sehr gut geeignet. Er spült die Harnwege durch und lindert die Entzündung. Vermeiden Sie aber Kaffee, Alkohol (Ausnahme: Bier) und auch Fruchtsäfte, die viel Säure enthalten, wie Orangen-, Grapefruit- oder Zitronensaft, und scharf gewürzte und stark gesalzene Speisen.

Heuschnupfen, Schnupfen

Heuschnupfen beruht auf einer Entzündung der Nasen-
schleimhaut und der Nasennebenhöhlen, die meist durch
eine Pollenallergie ausgelöst wird. Er äußert sich in einer
ständig laufenden Nase, tränenden Augen und häufigem
Niesen. Baumpollen fliegen verstärkt im Frühjahr, Gräser-
pollen im Sommer und Unkrautpollen im Herbst – ent-
sprechend ist die Symptomatik jahreszeitlich bedingt. Wer
Pech hat, ist gegen viele verschiedene Pollen allergisch und
leidet während der gesamten Vegetationsperiode unter
Heuschnupfen.

Der normale Schnupfen beruht auf einer Virusinfektion,
die meist mit einem grippalen Infekt einhergeht. Das Na-
sensekret ist dann flüssig und klar. Wenn in die geschädigten Schleimhäute Bakterien einwandern, verschlimmern
sich die Beschwerden, das Sekret wird zäher und ist von
gelb-grünlicher Farbe. Um Komplikationen zu vermeiden,
sollten Sie dann zum Arzt gehen. Allerdings verschreiben
manche Ärzte zu schnell ein Antibiotikum – auch ein bak-
terieller Schnupfen läßt sich oft mit Hausmitteln in den
Griff kriegen.

Die Behandlung

Sehr gut helfen Inhalationen mit heißem Lapacho-Tee, die
gereizten und entzündeten Schleimhäute zum Abschwel-
len zu bringen. Kochen Sie dazu 1/2 Liter Lapacho-Tee mit
drei Eßlöffeln der Rinde. Gießen Sie den Tee (ohne abzuseihen) in eine Schüssel und beugen Sie ihr Gesicht darüber. Inhalieren Sie die Dämpfe zehn Minuten lang unter
einem Handtuch.

Nasenspülung

Ziehen Sie lauwarmen, sehr sorgfältig abgeseihten Lapa-cho-Tee nacheinander in beiden Nasenlöchern hoch.

Innerlich angewendet, hilft Lapacho-Tee dem Immunsystem auf die Sprünge. Bei Schnupfen müssen Sie viel trinken, damit die Schleimhäute gut durchfeuchtet werden – Lapacho-Tee ist hier ein gutes Mittel.

Husten, Bronchitis

Auch Husten tritt meist im Rahmen einer grippalen Erkältungserkrankung auf. Es handelt sich um eine automatische Reflexbewegung der Bronchien, um die Atemwege von Schleim und Fremdkörpern zu befreien. Man unterscheidet zwischen dem sogenannten produktiven Husten, bei dem Schleim abgehustet wird, und dem nicht produktiven, trockenen Husten, der meist als unangenehmer empfunden wird. Wenn die Infektion auf die Bronchien übergreift, spricht man von einer Bronchitis; sie geht mit schweren Hustenanfällen einher.

Chronischer Husten ist oft auch eine Folge von Schadstoffen, wobei an erster Stelle das Rauchen genannt werden muß (Raucherhusten). Dauert ein Husten länger als eine Woche, müssen Sie sich vom Arzt untersuchen lassen, um eine ernsthaftere Erkrankung auszuschließen.

Die Behandlung

Es ist wichtig, den Körper durch schleimlösende Maßnahmen beim Abhusten des Sekrets zu unterstützen. Inhalieren Sie mit heißem Lapacho-Tee (siehe Seite 143) und trinken Sie täglich drei Tassen des Heiltees.

Vollbäder mit Lapacho-Tee fördern die Selbstheilungskräfte des Organismus. Geben Sie zur Verstärkung der Wirkung einige Tropfen ätherisches Eukalyptus-, Thymian- oder Fichtennadelöl hinzu, legen Sie sich nach dem Bad gut eingepackt ins Bett und schwitzen Sie tüchtig.

Rheuma

Bei Rheuma sind viele Gelenke immer wieder von entzündlichen Prozessen betroffen. Ursache der Erkrankung ist eine Fehlfunktion des Immunsystems. Die Abwehrzellen greifen die Gelenke und das umliegende Gewebe an. Die Gelenke (oft an Händen, Armen und Füßen) schwellen an und schmerzen. Sie können sich deformieren und steif werden, wenn die Erkrankung fortschreitet.

Die Behandlung

Schulmedizinisch kann man Rheuma nicht ursächlich behandeln, sondern nur die Symptome dämpfen. Ob Lapacho-Tee hier eine Hilfe sein kann, ist einen Versuch wert; einige Fallberichte sind positiv.

Zur Entgiftung und Umstimmung des Immunsystems und des Stoffwechsels beginnen Sie die Therapie am besten mit einer vierwöchigen Kuranwendung. Parallel dazu behandeln Sie die betroffenen Gelenke mit Umschlägen und Teilbädern – und zwar kalt, wenn sie akut entzündet und heiß sind und auch in Ruhestellung schmerzen, und warm, wenn sie steif sind und nur bei Bewegung weh tun.

Zusätzlich sollten Sie ausprobieren, ob nicht eine lakto-vegetabile Ernährung Erleichterung schafft. Auch eine homöopathische Behandlung schlägt bei manchen Patienten an.

Eine Psychotherapie kann helfen, innere Konflikte und Anspannungen abzubauen, die manchmal Rheumaschübe auslösen oder verstärken.

Auch die Teilnahme an einer Selbsthilfegruppe kann Ihnen vielleicht helfen. Adressen erfahren Sie bei Ihrem Arzt oder Ihrer Krankenversicherung.

Scheidenentzündungen, Ausfluß

Scheidenentzündungen können durch Bakterien und Pilze sowie durch mechanische Reizungen (Tampons, Geschlechtsverkehr bei zu trockener Vagina) verursacht werden. Sehr häufig werden sie von dem Hefepilz Candida albicans oder von einzelligen Parasiten (Trichomonaden) ausgelöst. Die Scheideninnenhaut brennt, ist geschwollen und gerötet. Häufig tritt vermehrt Ausfluß auf. Manchmal kommt es auch aus unbekannten Gründen (Streß könnte dazu beitragen) zu einer starken Vermehrung der in der Flora der Scheidenschleimhaut natürlich vorkommenden Bakterien. Das verursacht einen stärkeren Ausfluß, der leicht nach Fisch riecht. Der häufigere Fall ist aber, daß die Scheidenflora durch übertriebene Hygiene mit Seife und Intimspray geschädigt wird und ihren Schutzmantel gegen Krankheitserreger verliert.

Die Behandlung

Hilfreich ist es, wenn Sie täglich ein 20minütiges Sitzbad mit Lapacho-Tee durchführen und beim Waschen des Intimbereichs auf Seife verzichten, bis sich die Beschwerden gebessert haben. Sie können dem Waschwasser ein paar Tropfen Lapacho-Tinktur zusetzen oder den reinen Tee verwenden.

Bringen Sie zur Linderung des Juckreizes (und auch als »Killer« gegen die Erreger) mit einer Tropfenpipette am Abend im Bett ungefähr 50 Milliliter starken, lauwarmen Lapacho-Tee in die Scheide ein. Bleiben Sie dann nach Möglichkeit liegen, damit der Heiltee über Nacht einwirken kann.

Das Scheidenmilieu ist von Natur aus sauer und verfügt damit über einen effektiven Selbstreinigungsmechanismus. Scheidenspülungen gegen die Entzündung und den Ausfluß verstärken deshalb die Beschwerden, statt zu helfen. Sie können sogar schädlich sein, wenn sie die Keime bis in die Gebärmutter spülen. Von Tamponaden ist auch eher abzuraten, weil sie die Scheidenschleimhaut austrocknen können.

Zur Candida-Infektion beachten Sie bitte auch den entsprechenden Abschnitt im Kapitel über Magen-Darm-Erkrankungen. Es ist sehr wahrscheinlich, daß sich Ihre Scheide mit aus dem Darm stammenden Candida-Pilzen infiziert hat. Wenn Sie die Quelle der Infektion nicht behandeln, wird die Scheidenentzündung immer wieder aufflackern.

Virusgrippe

Die Virusgrippe ist eine ernste Erkrankung, die oft epidemisch auftritt und durch Grippeviren ausgelöst wird. Die Beschwerden setzen plötzlich ein und äußern sich, neben Husten und Schnupfen, in sehr hohem Fieber, Schüttelfrost, einem starken Krankheitsgefühl und Gliederschmerzen. Grippeepidemien haben bereits Millionen von Toten gefordert, die letzte schwere Grippewelle wurde 1968 durch das sogenannte Hongkongvirus ausgelöst.

Auch eine Virusgrippe ist für gesunde Menschen nicht lebensgefährlich, sofern sie unter ärztlicher Beobachtung bleiben und Komplikationen wie zum Beispiel Lungenentzündung rechtzeitig erkannt und behandelt werden. Für Kinder, ältere oder geschwächte Menschen kann die Influenza jedoch eine tödliche Bedrohung darstellen.

Wie allgemein gegen Viren, gibt es auch gegen Grippeviren keine Medikamente und nur einen begrenzten Impfschutz. Der Körper entwickelt zwar Immunität gegen den bestimmten Grippevirus-Stamm, mit dem er infiziert war. Da aber die Grippeviren weltweit ständig mutieren und neue Stämme bilden, bleibt die Immunität nicht lange bestehen.

Die Behandlung

Lapacho-Tee als ein potentes Virostatikum (Mittel gegen Viren) ist in der Lage, die Erreger abzutöten beziehungsweise ihre Vermehrung einzudämmen. Trinken Sie im akuten Fall täglich sechs Tassen Lapacho-Tee über den Tag verteilt und setzen Sie diese Maßnahme noch eine Woche nach dem Abklingen der Krankheit fort. Auch Inhalationen, Gurgeln und Bäder unterstützen den Heilungsprozeß. Am effektivsten ist es sicherlich, das Immunsystem gegen die Viren zu stärken. Zusätzlich zur Einnahme von Lapacho-Tee empfehlen sich Vitamine, ausreichend Mineralstoffe, Saunagänge und alle Arten von Bewegung. Aber Achtung: Hochleistungssport schwächt das Immunsystem!

Zahnfleischentzündung

In der Zahnmedizin werden die Zahnfleischentzündung (Gingivitis) und die Bildung von Zahnfleischtaschen (Parodontitis) voneinander unterschieden. Die Entstehung von Taschen im Zahnfleisch ist jedoch in der Regel die Folge einer chronischen Entzündung des Zahnfleischsaumes. Die Ursache der Entzündung ist die Bildung von Plaque an den Zahnhälsen. Hierbei handelt es sich um hartnäckige, manchmal verkrustete Ablagerungen von Speiseresten, Schleim und Bakterien. Die Ausscheidungen (Toxine) der Bakterien reizen das Zahnfleisch, es schwillt an und entzündet sich. Es ist stark gerötet, weich und schmerzempfindlich. Beim Zähneputzen oder dem berühmten Biß in den Apfel bemerkt man Blutspuren. Wird die Zahnfleischentzündung nicht behandelt, kann das Gewebe zerstört werden. Es bilden sich Taschen im Zahnfleisch aus, die Zähne verlieren ihren Halt. Manchmal greift die Entzündung auch auf den Kieferknochen über.

Die Behandlung

Eine gute Mundhygiene, das heißt regelmäßiges Zähneputzen, ist das A und O der Vorbeugung. Spülungen mit Lapacho-Tinktur (20 Tropfen auf 100 Milliliter Wasser) oder Lapacho-Tee helfen bei akuten Beschwerden. Der regelmäßige Genuß des Lapacho-Tees beugt auf eine ganz beiläufige Weise Zahnfleischentzündungen vor, in dem er Bakterien abtötet oder ihre Vermehrung hemmt und das Zahnfleisch durch seinen adstringierenden Effekt stärkt.

Gesund genießen mit Lapacho-Tee

Wer regelmäßig Lapacho-Tee zu sich nimmt, tut viel für seine Gesundheit. Er beugt einem Mineralstoffmangel vor, sorgt für geregelte Verdauung und die Befreiung des Körpers von Stoffwechselabfallprodukten. Das Immunsystem wird gestärkt, die Sauerstoffversorgung verbessert. Für eine optimale, gesunde Ernährung ist zudem eine Flüssigkeitszufuhr von täglich zwei Litern in Form von Wasser, Tee oder Säften unbedingt erforderlich. Fruchtsäfte sind jedoch oft unerwünschte Kalorienlieferanten, Wasser schmeckt nicht, und auch beim Lapacho-Tee kann man sich auf Dauer etwas Abwechslung wünschen. Dieser Wunsch ist leicht zu erfüllen: Lapacho-Tee läßt sich hervorragend variieren und verfeinern, ohne etwas von seiner gesunden Wirkung einzubüßen. Bereiten Sie Lapacho-Tee mit Gewürzen oder Früchten zu oder kreieren Sie ausgefallene Desserts. Der Phantasie sind dabei kaum Grenzen gesetzt.

Lapacho-Tee-Getränke

Lapacho-Tee mit Zimt (4 Tassen)

    1 Eßlöffel Lapacho-Tee
    1 Stange Zimt

Die Zimtstange mit 3/4 Liter kaltem Wasser aufsetzen, zum Kochen bringen und fünf Minuten kochen lassen. Den Lapacho-Tee hinzugeben und weitere zehn Minuten köcheln lassen. Durch ein feines Sieb abseihen. Fügen Sie Honig, Milch oder Sahne nach Geschmack hinzu.

Lapacho-Tee mit Vanille (4 Tassen)

    1 Eßlöffel Lapacho-Tee
    1 Vanilleschote

Die Vanilleschote längs aufschlitzen und das Mark herauskratzen. Die Schale grob zerkleinern. Beides in 3/4 Liter Wasser fünf Minuten kochen lassen. Den Lapacho-Tee hinzugeben und weitere zehn Minuten köcheln lassen. Durch ein feines Sieb abseihen. Dieses Rezept unterstreicht die feine, vanillige Geschmacksnote des Lapacho-Tees. Fügen Sie Honig, Milch oder Sahne nach Belieben hinzu.

Lapacho-Tee mit Sternanis (4 Tassen)

1 Eßlöffel Lapacho-Tee
2 bis 3 Sternanis

Den Sternanis mit 3/4 Liter Wasser zehn Minuten kochen lassen. Den Lapacho-Tee hinzugeben und weitere zehn Minuten mitkochen. Die Flüssigkeit durch Filterpapier oder ein feines Sieb abseihen. Auch hier können Sie nach Belieben Honig, Milch oder Sahne hinzufügen.

Orangen-Lapacho-Tee (4 Gläser)

1 Eßlöffel Lapacho-Tee
3/4 Liter Orangensaft
brauner Kandiszucker

Bringen Sie den Orangensaft zum Kochen und geben Sie den Lapacho-Tee in die Flüssigkeit. Lassen Sie die Saft-Tee-Mischung nun acht bis zehn Minuten leise köcheln. Dann abseihen und mit dem Kandiszucker nach Geschmack süßen. Diese Zubereitung schmeckt auch eisgekühlt sehr gut. Verwenden Sie fertig gekauften Orangensaft. Frisch gepreßter Orangensaft ist zwar gesünder, aber nur, wenn er kalt getrunken wird. Beim Kochen verliert er seine Vitamine.

Varianten: Dieses Rezept schmeckt auch sehr gut mit anderen Fruchtsäften wie Pfirsich-, Trauben- oder Apfelsaft. Für einen Zitronentee vermischen Sie den Saft von zwei bis drei Zitronen mit 3/4 Liter Lapacho-Tee.

Kalter Gewürz-Lapacho-Tee (6 Gläser)

1 gehäufter Eßlöffel Lapacho-Tee
4 Gewürznelken
1 Stange Zimt
4 Eßlöffel Zucker
200 Milliliter Orangensaft

Den Lapacho-Tee, die Nelken und den Zimt zusammen in einem Liter Wasser zehn Minuten kochen lassen und durch ein feines Sieb abseihen. Den Zucker im Topf erhitzen und karamelisieren lassen. Mit dem Orangensaft ablöschen und den Gewürz-Lapacho-Tee hinzugeben. Den Tee sehr kalt servieren.

Sommerbowle, alkoholfrei (10–12 Gläser)

3 Eßlöffel Lapacho-Tee
1 Vanilleschote
100 Gramm brauner Zucker
1/8 Liter frisch gepreßter Zitronensaft
1/4 Liter frisch gepreßter Orangensaft
250 Gramm Himbeeren
250 Gramm Erdbeeren
1/2 Liter Zitronenlimonade
1/2 Liter Orangenlimonade

Die Vanilleschote längs aufschneiden, das Mark herauskratzen, die Schale grob zerkleinern. Mit dem Lapacho-Tee in eineinhalb Liter Wasser acht bis zehn Minuten kochen lassen und abseihen. Mit dem braunen Zucker süßen und abkühlen lassen. Geben Sie nun Zitronen- und Orangensaft und die Früchte dazu und lassen Sie die Bowle im

Kühlschrank ein bis zwei Stunden durchziehen. Fügen Sie vor dem Servieren die gekühlte Zitronen- und Orangenlimonade hinzu.

Weihnachtsbowle (10–12 Gläser)

> 4 Eßlöffel Lapacho-Tee
> 100 Gramm getrocknete Feigen
> 100 Gramm entsteinte Backpflaumen
> 100 Gramm entkernte Datteln
> 100 Gramm getrocknete Apfelringe
> 1 Liter Apfelsaft
> brauner Zucker oder Honig
> 2 Zimtstangen
> 6 Nelken
> Saft und Schalen von 2 ungespritzten Zitronen
> 1 Liter Orangensaft

Zerschneiden Sie die Trockenfrüchte in kleine Stückchen und lassen Sie sie im Apfelsaft zwölf Stunden (zum Beispiel über Nacht) einweichen und quellen. Kochen Sie den Lapacho-Tee für acht bis zehn Minuten in zwei Liter Wasser, seihen Sie ihn ab und süßen ihn mit braunem Zucker oder Honig. Lassen Sie nun die Einweichflüssigkeit (das heißt den Apfelsaft) und den Orangensaft mit dem Zimt, den Nelken und dem Zitronensaft aufkochen und noch weitere zehn Minuten durchziehen. Abseihen, den heißen Saft mit dem Lapacho-Tee und den Trockenfrüchten vermischen und erneut erhitzen. Diese Weihnachtsbowle schmeckt auch Kindern sehr gut.

Ingwer-Sahne-Lapacho (4 Portionen)

2 Eßlöffel Lapacho-Tee
50 Gramm eingelegter Ingwer
Kandiszucker
4 Zentiliter Rum
1/8 Liter süße Sahne
1 Päckchen Vanillezucker

Den Lapacho-Tee mit einem Liter Wasser acht bis zehn Minuten kochen und abseihen. Den Ingwer fein würfeln, mit dem Kandis und dem Rum vermischen. Die Ingwermischung auf vier große Gläser verteilen und mit dem heißen Lapacho-Tee auffüllen. Die Sahne mit dem Vanillezucker steif schlagen und auf jedes Glas Ingwertee eine Sahnehaube geben.

Katerkiller mit Tabasco (2 Tassen)

1 Eßlöffel Lapacho-Tee
1 Stange Zimt
1 Teelöffel Honig
2 Eßlöffel Zitronensaft
Tabascosauce

Den Zimt und den Lapacho-Tee in 1/2 Liter Wasser acht bis zehn Minuten kochen lassen, abseihen. Honig und Zitronensaft sowie zwei bis drei Spritzer Tabasco hinzugeben und sehr heiß trinken.

Desserts mit Lapacho-Tee

Mit Lapacho-Tee lassen sich nicht nur phantasievolle, leckere Getränke herstellen, er bietet sich genauso als Grundlage für ausgefallene, köstliche Desserts an. Probieren Sie die Teecreme oder ein Sorbet, auch Ihre Gäste werden begeistert sein.

Ingwer-Lapacho-Teecreme (für 6 Personen)

   1 Eßlöffel Lapacho-Tee
   6 Blatt Gelatine
   4 Eigelb
   4 Eiweiß
   6 Eßlöffel brauner Zucker
   50 Gramm kandierter Ingwer
   Salz

Den Lapacho-Tee in 1/2 Liter Wasser acht bis zehn Minuten kochen und abseihen. Von dieser Menge 3/8 Liter abmessen und abkühlen lassen. Die Gelatine einweichen und in dem restlichen 1/8 Liter Lapacho-Tee auflösen. Eigelb und Zucker zu einer cremigen Masse schlagen. Den abgekühlten Tee und die aufgelöste Gelatine unterrühren. Den kandierten Ingwer fein würfeln und in die Tee-Ei-Masse geben. Diese Mischung kalt stellen. Sobald sie zu gelieren beginnt, das Eiweiß mit einer Prise Salz steif schlagen. Den Eischnee vorsichtig unter die Tee-Ei-Masse heben. Die Creme in Glasschälchen füllen und kalt stellen.

Lapacho-Früchte-Sorbet (für 6 Personen)

1 Eßlöffel Lapacho-Tee
200 Gramm Rohrzucker
500 Gramm gemischtes Beerenobst (tiefgekühlt)

Den Lapacho-Tee mit 1/2 Liter Wasser acht bis zehn Minuten kochen, abseihen. Rohrzucker im Tee auflösen, die Flüssigkeit auf die Hälfte einkochen lassen. Das tiefgefrorene Beerenobst unaufgetaut mit dem heißen Lapacho-Sirup übergießen. Nach Belieben die Früchte etwas zerstampfen. Abkühlen lassen und im Tiefkühlfach gefrieren lassen. Man kann die Masse auch sehr gut in einer Eismaschine gefrieren.

Lapacho-Zitronen-Sorbet (für 4 Personen)

1 Eßlöffel Lapacho-Tee
100 Milliliter frischgepreßter Zitronensaft
200 Gramm weißer Zucker
3 Eiweiß
1/2 Teelöffel Zitronensaft

Den Lapacho-Tee mit 1/2 Liter Wasser acht bis zehn Minuten kochen lassen, abseihen. Zucker und Zitronensaft zugeben. Diese Mischung auf ungefähr 400 Milliliter einkochen. Das Eiweiß mit dem halben Teelöffel Zitronensaft steif schlagen, den Eischnee unter die Flüssigkeit mischen. Im Tiefkühlfach gefrieren lassen, dabei öfters mit dem Schneebesen durchrühren. Das eiskalte Sorbet in Portionsschälchen füllen und sofort servieren.

Gesund und schön mit Lapacho-Tee

Sie können die vielfältigen Heilwirkungen des Lapacho-Tees auch gewinnbringend für Ihr äußeres Erscheinungsbild einsetzen. Schönheit ist an Gesundheit gekoppelt, und Gesundheit ist mit der richtigen Ernährung eng verbunden. Durch die innere Anwendung von Lapacho-Tee als Getränk und die äußere Verwendung von Pflegeprodukten, die Lapacho enthalten, bewirken Sie eine ganzheitliche Schönheits- und Gesundheitspflege. Lapacho-Tee wirkt entzündungshemmend, bakterien- und virenabtötend und adstringierend. Er dämmt das Wachstum von Pilzen ein und puffert Freie Radikale ab, die unter anderem das Altern der Haut beschleunigen.

Erstellen Sie sich Ihre eigene, natürliche Körper- und Hautpflegeserie, die Ihren individuellen Bedürfnissen entspricht. Der finanzielle Aufwand ist erheblich geringer, als wenn Sie Fertigprodukte kaufen. Sie kennen zudem alle Inhaltsstoffe Ihrer Pflegemittel, und der zeitliche Aufwand für die Herstellung ist nicht groß.

Bewahren Sie alle Produkte in Gläsern mit Schraubdeckelverschluß auf. Sie halten sich dann zirka drei Wochen lang.

Lapacho-Tee für die Haarpflege

Lapacho-Shampoo für jeden Haartyp

>   2 Eßlöffel Lapacho-Tee
>   1/2 Liter Wasser
>   10 Tropfen ätherisches Zitronenöl
>   50 Gramm weiße Schmierseife
>   1 Teelöffel Agar-Agar

Kochen Sie den Lapacho-Tee zehn Minuten in dem Wasser und seihen Sie ihn ab. Lösen Sie die Schmierseife in dem Tee vollständig auf und fügen Sie das Zitronenöl hinzu. Diese Masse ist noch recht flüssig, deshalb geben Sie zum Andicken einen Teelöffel Agar-Agar hinzu, eventuell auch etwas mehr, je nachdem, welche Konsistenz Sie bevorzugen.

Die Zutaten erhalten Sie in Reformhäusern, Naturkostläden oder Apotheken.

* Agar-Agar ist ein natürliches Dickungsmittel, das aus Rotalgen gewonnen wird.
* Ätherisches Zitronenöl wird aus den Schalen der Zitrone destilliert.

Lapacho-Bier-Shampoo gegen fettendes Haar und gegen Schuppen

>   2 Eßlöffel Lapacho-Tee
>   1/2 Liter Wasser
>   50 Gramm weiße Schmierseife
>   10 Gramm Pottasche
>   1/4 Liter Bier

Kochen Sie den Lapacho-Tee zehn Minuten in dem Wasser und seihen Sie ihn in einen hochwandigen Topf ab. Lösen Sie die Schmierseife in dem Teesud vollständig auf. Geben Sie die Pottasche dazu und lassen Sie die Flüssigkeit 30 Minuten lang einkochen. (Pottasche schäumt stark, deswegen benötigen Sie einen hohen Topf.) Zum Schluß geben Sie das Bier in die etwas abgekühlte Masse und rühren sie gut um.

Lapacho-Haarwasser gegen Schuppen

Schuppen entstehen durch übermäßige Talgproduktion der Kopfhaut. Meist ist auch die Zellteilungsrate der Kopfhaut beschleunigt. Bakterien fügen die einzelnen, mit bloßem Auge noch nicht sichtbaren Hautzellen zu den sichtbaren Schuppen zusammen. Die fettende Kopfhaut ist leider auch anfällig für Entzündungen und ein günstiger Nährboden für Pilze. Ein Haarwasser auf der Grundlage von Lapacho-Tee schafft schnell und wirksam Abhilfe.

    2 Eßlöffel Lapacho-Tee
    1/4 Liter Wasser
    1/4 Liter Obstessig

Kochen Sie den Lapacho-Tee zehn Minuten in dem Wasser und dem Obstessig und seihen Sie ihn ab.

Das Haarwasser wird nach der Haarwäsche mit einem Wattepad direkt auf die Kopfhaut getupft und leicht einmassiert. Nicht ausspülen!

Lapacho-Tee für die Mundhygiene

Die entzündungshemmenden und keimtötenden Eigenschaften des Lapacho-Tees lassen sich ideal auch für die Mundhygiene nutzen. Ein Mundwasser mit Lapacho-Tee desinfiziert, beseitigt Mundgeruch, schafft Abhilfe bei Prothesendruckstellen und kann über die Zahnpflege hinaus einer Parodontitis (Zahnfleischentzündung) vorbeugen.

> 2 Eßlöffel Lapacho-Tee
> 1 Liter Wasser
> Saft von 2 unbehandelten Zitronen
> 10 Tropfen ätherisches Pfefferminzöl

Kochen Sie den Lapacho-Tee zehn Minuten in dem Wasser, seihen Sie ihn ab und lassen Sie ihn abkühlen. Mischen Sie den Zitronensaft und das Pfefferminzöl in den abgekühlten Tee. Nach dem Zähneputzen und auch zwischendurch den Mund gründlich mit dem Mundwasser ausspülen.

- Pfefferminzöl wirkt entzündungshemmend, fördert die Durchblutung der Mundschleimhaut und sorgt für frischen Atem.
- Zitronensaft unterstützt die adstringierende Wirkung des Lapacho-Tees.

Lapacho-Gurgellösung gegen Mundgeruch

> 2 Eßlöffel Lapacho-Tee
> 1/2 Liter Wasser
> 10 Tropfen ätherisches Wacholderöl

Kochen Sie den Lapacho-Tee zehn Minuten in dem Wasser und seihen Sie ab. Lassen Sie den Tee abkühlen. Mischen

Sie das Wacholderöl in den abgekühlten Tee. Diese stärkere Zubereitung hilft besonders effektiv gegen den Mundgeruch, der nach dem Verzehr von Zwiebeln oder Knoblauch auftritt.

Lapacho-Tee für die Hautpflege

Lapacho-Tee regt die Durchblutung der Haut an, strafft das Gewebe und wirkt erfrischend und entzündungshemmmend. Diese anregende Wirkung können Sie durch Massagen mit einem Luffahandschuh oder durch Waschungen nach Kneipp noch zusätzlich unterstützen.

Für die zarte Gesichtshaut und die empfindliche Haut der weiblichen Brust benutzen Sie für Massagen statt eines Luffahandschuhs eine spezielle, weiche Bürste, die Sie in Drogerien oder Parfümerien erhalten.

Die entzündungshemmende, adstringierende Wirkung von Waschungen mit reinem Lapacho-Tee hilft insbesondere bei unreiner Haut, kleinen Hautverletzungen und auch bei einem Sonnenbrand. Ein Hautwasser auf Lapacho-Tee-Basis neutralisiert den ph-Wert der Haut und begünstigt die Wiederherstellung ihres natürlichen Säureschutzmantels.

Lapacho-Gesichtswasser für empfindliche Haut

2 Eßlöffel Lapacho-Tee
2 Eßlöffel gehackte Basilikumblätter
1/2 Liter Wasser

Den Lapacho-Tee zehn Minuten in dem Wasser kochen. Mit dem noch kochenden Absud die Basilikumblätter übergießen und alles fünf Minuten ziehen lassen, dann abseihen.

Lapacho-Gesichtswasser für fettende Haut

2 Eßlöffel Lapacho-Tee
2 Eßlöffel gehackte Salbeiblätter
1/2 Liter Wasser

Den Lapacho-Tee zehn Minuten in dem Wasser kochen. Die Salbeiblätter mit dem noch kochenden Absud übergießen und alles fünf Minuten ziehen lassen, dann abseihen.

Rosmarin-Lapacho für die Ganzkörperabreibung

4 Eßlöffel Lapacho-Tee
3 Eßlöffel getrockneter Rosmarin
2 Liter Wasser

Den Lapacho-Tee zehn Minuten in dem Wasser kochen. Den Rosmarin mit dem noch kochenden Absud überbrühen und alles zehn Minuten ziehen lassen, dann abseihen.

Eine Abreibung des ganzen Körpers mit Rosmarin-Lapacho verbessert den Allgemeinzustand Ihrer Haut, strafft sie und regt den Kreislauf an. Sie ist besonders wohltuend, wenn Sie sich erschöpft und gestreßt fühlen.

Die Abreibung des Körpers

- Tauchen Sie ein Handtuch ungefähr mit einem Drittel der Fläche in die abgekühlte Rosmarin-Lapacho-Mischung. Wringen Sie das Handtuchende aus, so daß es noch gut naß ist, aber nicht mehr tropft.
- Beginnen Sie am Handgelenk des rechten Arms. Rubbeln Sie mit dem nassen Tuch über die Außenseite des Arms bis zur Schulter und dann entlang der Arminnenseite zurück zum Handgelenk.
- Am linken Arm die Abreibung in gleicher Weise wiederholen.
- Das Handtuch erneut eintauchen.
- Nun das rechte Bein, beginnend am Knöchel, die Außenseite entlang hoch rubbeln, dann auf der Innenseite zurück bis zum Fuß; am linken Bein wiederholen. Das Handtuch erneut mit dem Teesud befeuchten.
- Massieren Sie nun mit kreisförmigen Bewegungen im Uhrzeigersinn über Hals, Brust, Bauch und Po.
- Um den Rücken abzureiben, falten Sie das Handtuch der Länge nach und tauchen es vollständig in den Lapacho-Teesud. Nehmen Sie es an beiden Enden und ziehen Sie es straff über Ihrem Rücken hin und her.

Cremes und Lotionen mit Lapacho-Tinktur

Verbessern Sie Ihre Lieblingshautcreme oder Körperlotion mit einigenTropfen Lapacho-Tinktur. Man rechnet drei bis fünf Tropfen pro zehn Milliliter (zirka ein Teelöffel) Creme oder Lotion. Am besten ist es, wenn Sie die Lapacho-Tinktur direkt vor dem Eincremen auf der Handfläche mit der Creme vermischen. Die Tinktur (auch Elixier genannt) können Sie fertig kaufen oder selbst herstellen (Rezept siehe Seite 95).

Gesichtsmasken mit Lapacho-Tee

Eine Gesichtsmaske bewirkt eine tiefgehende Pflege und Erneuerung der Haut. Dafür sollte die Haut gut vorbereitet werden. Reinigen Sie das Gesicht zunächst mit Ihrem Lapacho-Gesichtswasser. Führen Sie dann, sofern Sie Zeit haben, ein fünfminütiges Gesichtsdampfbad durch. Dieses erweitert die Poren, so daß die Wirkstoffe der Gesichtsmaske optimal in die Haut eindringen können. Oder Sie legen ein mit heißem Wasser getränktes Gästehandtuch (Temperatur muß hautverträglich sein) für zwei Minuten auf Ihr Gesicht.

Achtung: Wenn Sie an geplatzten, geröteten Äderchen (Couperose) leiden, müssen Sie auf das Dampfbad oder die heiße Kompresse verzichten, denn die Hitze weitet auch die feinen Adern und kann die Couperose verstärken.

Lapacho-Hefe-Maske für die fettende Haut

3–5 Eßlöffel kräftiger Lapacho-Tee
3 Eßlöffel Bierhefe
1 Teelöffel Honig

Verrühren Sie alle Zutaten sorgfältig in einer kleinen Glas-schüssel. Geben Sie den Lapacho-Tee dabei eßlöffelweise zu, damit die Masse nicht zu flüssig wird. Alle Zutaten soll-ten Zimmertemperatur haben, also nicht direkt aus dem Kühlschrank kommen.

Lapacho-Öl-Maske für die trockene Haut

3–5 Eßlöffel kräftiger Lapacho-Tee
3 Eßlöffel Mandelöl, kaltgepreßtes Olivenöl
 oder Avocadoöl
1 Teelöffel Honig
(Zubereitung wie oben)

Lapacho-Quark-Maske für die empfindliche Haut

3–5 Eßlöffel kräftiger Lapacho-Tee
3 Eßlöffel Magerquark
1 Teelöffel Honig
(Zubereitung wie oben)

Die Maske gleichmäßig auf Gesicht, Hals und Dekolleté auftragen und eine halbe Stunde einwirken lassen. Mit warmem Lapacho-Tee (es kann aber auch einfach warmes Wasser sein) gründlich abwaschen. Wenden Sie die Ge-sichtsmaske einmal wöchentlich an, am besten am Abend oder am Wochenende, wenn Sie Zeit und Muße haben und sich während der Einwirkungszeit ungestört entspannen können.

Voll- und Teilbäder mit Lapacho-Tee

Zur Entspannung und zur Gesundheitspflege hilft Ihnen ein Vollbad mit Lapacho-Tee. Das Bad erhöht Ihre Widerstandskraft gegen Erkältungskrankheiten und regt die Durchblutung der Haut an.

Achtung: Grundsätzlich verträgt eine fettende Haut Vollbäder besser als eine trockene und/oder empfindliche Haut. Wenn Ihre Haut empfindlich ist und zu Trockenheit neigt, cremen Sie sich nach dem Bad mit einer Körperlotion oder einem guten Hautöl sorgfältig ein. Ein Vollbad sollte nicht länger als 15 bis 20 Minuten dauern und nicht heißer als 38 Grad sein.

Lapacho-Vollbad

> 2 Eßlöffel Lapacho-Tee
> 1/2 Liter Molke oder Buttermilch

Den Lapacho-Tee in einem Liter Wasser 15 Minuten kochen und abseihen. Ein Vollbad einlaufen lassen, den Lapacho-Tee und die Molke oder Buttermilch in das Wasser mischen.

Lapacho-Fußbad

Auch Ihre Füße sollten Sie nicht vernachlässigen. Wie oft werden sie in beengende Schuhe eingezwängt und in Strümpfe aus Synthetik eingehüllt, so daß sie kaum »Luft holen« können. Lapacho-Fußbäder beugen Schweißfüßen und Fußpilz vor, regen die Durchblutung der Füße an und weichen – regelmäßig angewendet – verhärtete Hornhautstellen auf.

Auch den Füßen von Kindern und Jugendlichen, die oft

partout nichts anderes als Tennis- und Sportschuhe aus Synthetik tragen wollen, tun Lapacho-Fußbäder gut.

Kochen Sie einen kräftigen Lapacho-Absud mit drei Eßlöffeln Lapacho-Tee und einem Liter Wasser. Die Kochzeit beträgt 15 Minuten.

Füllen Sie eine hinreichend große Plastikschüssel oder spezielle Fußbadewanne mit heißem Wasser und mischen Sie den abgeseihten Lapacho-Tee unter. Das Wasser sollte bis über die Knöchel reichen. Lassen Sie ihre Füße 10 bis 15 Minuten in dem Lapacho-Bad, gießen Sie zwischendurch bei Bedarf heißes Wasser nach.

Trocken Sie nach dem Bad die Füße gut ab und ziehen Sie dicke Socken aus Wolle oder Baumwolle an.

Kräuterzusätze, die die Wirkung verstärken

Geben Sie die nachfolgend genannten Kräuter am Ende der Kochzeit in den Lapacho-Tee, nehmen Sie den Topf von der Kochplatte und lassen Sie den Sud noch fünf Minuten ziehen, bevor Sie ihn abseihen und dem Fußbad zugeben.
• Huflattichblätter (wirken abschwellend)
• Beinwell (regt die Durchblutung an)
• Salbeiblätter (wirken geruchsdämpfend)

Die Kräuter erhalten Sie im Reformhaus oder in der Apotheke.

Ätherische Öle

Fügen Sie zusätzlich zum Lapacho-Tee noch zehn Tropfen eines ätherischen Öls dem Fußbad zu:
• Rosmarinöl (hilft besonders nach langem Stehen oder nach Wanderungen)

- Thymianöl (reguliert die Tätigkeit der Schweißdrüsen)
- Pfefferminzöl (kühlt müde Füße und regt die Durchblutung an)

Ein Tag für Körper und Seele

Gönnen Sie sich hin und wieder einen Tag, der nur Ihnen gehört und den Sie ganz Ihrer Entspannung, Gesundheit und Schönheit widmen. Sie tanken Kraft für den Alltag und stärken Ihre Abwehrkräfte gegen Streß und Erkrankungen. Versuchen Sie, sich einen Tag lang nur Gutes zu tun, auch wenn Ihnen das vielleicht egoistisch vorkommt. Bedenken Sie: Sie können in Ihrer Partnerschaft, Ihrer Familie und auch im Beruf auf Dauer nur dann viel geben, wenn Ihre Speicher mit positiver Energie aufgefüllt sind. Verbannen Sie Streß, Hektik und Alltagssorgen und genießen Sie Ihre private »Schönheitsfarm«. Was Ihnen wirklich gut tut, wissen Sie sicherlich selbst am besten. Da zur Regeneration der Kräfte auch Spaß gehört, möchte ich Ihnen keinen Askese-Tag vorschlagen, an dem Sie sich womöglich langweilen. Sie können sich für Ihre kleine Kur durchaus Beschäftigungen und Unternehmungen aussuchen, zu denen Sie im Alltag zu selten Zeit und Muße haben. Aber natürlich sollten das nicht die Steuererklärung oder die Erledigung aufgeschobener Briefe oder Aufräumarbeiten sein!

Hier einige Beispiele zur Anregung, wobei der beste Zeitraum der Nachmittag ist:

- in die Sauna oder zum Schwimmen gehen
- eine Wanderung oder Radtour machen
- eine Ausstellung, ein Museum oder den Tierpark besuchen
- zum Friseur oder zur Kosmetikerin gehen

- eine Maniküre und Pediküre machen lassen
- sich eine Massagebehandlung gönnen
- abends ins Kino, Theater oder Konzert gehen

Diese Liste ließe sich beliebig fortsetzen. Denken Sie daran, rechtzeitig Termine zu vereinbaren oder Karten zu besorgen; informieren Sie sich über etwaige Öffnungszeiten.

Und vergessen Sie nicht: Das einzige Kriterium ist, daß die Aktivität Ihnen Spaß und Freude macht. Haben Sie hingegen das starke Bedürfnis, einmal einen Tag lang nichts zu tun außer vielleicht zu lesen, Musik zu hören, zu dösen und zu träumen – wie es Müttern von kleineren Kindern oder beruflich sehr eingespannten Leuten oft geht – dann geben Sie diesem Wunsch endlich einmal nach.

Die Vorbereitung

Eine gewisse Planung ist also nötig, sie ist aber nicht aufwendig. Ein Tip am Rande: Schalten Sie an dem Tag das Telefon auf Anrufbeantworter oder hängen Sie es aus; melden Sie sich bei Stellen und Leuten, die Sie oft anrufen, offiziell ab, falls nötig mit einer kleinen Notlüge, etwa, daß Sie den ganzen Tag unterwegs seien. Falls Sie aus familiären Gründen keine Möglichkeit haben, zu Hause ungestört zu sein, mieten Sie sich doch einmal einen Tag in einer netten Pension oder einem ruhigen Hotel ein und bitten Sie Freunde, Ihre Kinder einmal 24 Stunden zu sich zu nehmen.

Der Speiseplan

Kaufen Sie alles, was Sie zum Essen und Trinken benötigen, am Tag vorher ein.

Essen Sie an ihrem Kurtag nach Herzenslust, aber bevorzugen Sie eine ballaststoffreiche Ernährung mit viel frischem Obst, Gemüse und Vollkornprodukten. Verwenden Sie tierische Produkte (Fleisch, Eier, Käse, Wurst, Schinken, tierische Fette) eher sparsam. Die Nahrungsmenge richtet sich danach, ob Sie gleichzeitig ein wenig abnehmen wollen oder ob Ihnen das nicht so wichtig ist. Wenn Sie alles Fett (Butter, Öl, Sahne) weglassen, werden Sie auf jeden Fall etwas an Gewicht verlieren, weil sowohl der Lapacho-Tee als auch Obst, Salat und Gemüse entschlacken und entwässern.

Ein Beispiel für einen Speiseplan

Morgens:	Vollkornmüsli mit frischen Früchten 1 gekochtes Ei, Vollkornknäckebrot, Butter, Honig 1–2 Tassen Lapacho-Tee
Vormittags:	1 Joghurt oder frisches Obst, 1 Tasse Lapacho-Tee
Mittags:	Salatplatte mit erlesenen Salaten und Putenbruststreifen oder Gemüseplatte mit gedünsteten, in Butter geschwenkten Karotten, Spargel, Spinat, Kohlrabi, Austernpilzen (je nach Saison) oder gedünsteter Fisch oder Hähnchenbrust Lapacho-Dessert

Nachmittags: Törtchen mit frischem Obst oder
                Obstsalat mit etwas flüssiger Sahne
                oder Vollkorngebäck

Abends: Auswahl wie mittags

Der Tagesablauf

- Schlafen Sie am Morgen aus, ohne sich den Wecker zu stellen. Dabei ist es aber von Vorteil, wenn Sie am Abend voher nicht zu spät ins Bett gehen und auf Alkohol verzichten.
- Springen Sie nicht sofort hektisch aus dem Bett (womöglich mit dem Gedanken: Jetzt muß ich mich beeilen, sonst schaffe ich mein Schönheitsprogramm nicht...), sondern räkeln Sie sich gemütlich und trinken Sie noch im Bett eine Tasse Lapacho-Tee, den Sie bereits am Abend vorher zubereitet und in einer Thermoskanne warmgehalten haben. Hören Sie Musik und/oder lesen Sie etwas.
- Duschen Sie nach dem Frühstück und erfrischen Sie sich dann mit einer Ganzkörper-Lapacho-Abreibung (s. S. 162). Trocken Sie sich nicht ab, sondern wickeln Sie sich in ein großes Badetuch und ruhen Sie noch für zehn bis 15 Minuten.
- Reinigen Sie dann Ihr Gesicht mit Ihrem Lapacho-Gesichtswasser, machen Sie eventuell ein Gesichtsdampfbad (wenn Sie nicht zu erweiterten Äderchen neigen), und tragen Sie eine Lapacho-Gesichtsmaske auf (s. S. 164).
- Gönnen Sie sich nun einen kleinen Spaziergang oder einen Ausflug per Fahrrad oder genießen Sie das Nichtstun.
- Bereiten Sie Ihr Mittagessen mit Muße zu. Falls Ihnen das zu viel Aufwand ist, gehen Sie auswärts essen. In-

zwischen gibt es viele Restaurants, die herrliche Salat- und Gemüsegerichte anbieten. Legen Sie sich nach dem Mittagessen für eine halbe Stunde hin. Möglicherweise schlafen Sie fest ein und wachen erst nach zwei Stunden auf – das kann ein Zeichen dafür sein, daß Sie ein Schlafdefizit haben, das heißt, Ihnen fehlt jede Nacht etwas Schlaf, was sich im Laufe der Zeit summiert.

- Legen Sie nun eine Augenkompresse mit Lapacho-Tee auf. Dafür tauchen Sie einen Waschlappen in heißen (die Temperatur muß aber gut verträglich sein) Lapacho-Tee, wringen ihn etwas aus und legen ihn für zirka zehn Minuten auf die geschlossenen Augen.
- Verbringen Sie den Nachmittag mit angenehmen Beschäftigungen, lesen Sie oder hören Sie Musik und trinken Sie immer wieder eine Tasse Lapacho-Tee. Jetzt finden Sie vielleicht auch die Zeit, einmal ein paar der Rezepte aus dem letzten Kapitel auszuprobieren.
- Am Abend lassen Sie sich ein wohltuendes Lapacho-Vollbad einlaufen; der Tag soll entspannt ausklingen.

Die Lapacho-Kurwoche

Den eben beschriebenen Schönheitstag können Sie ohne weiteres auch zu einer Kurwoche ausdehnen, die Sie zu Hause oder im Urlaub durchführen. Wenn Sie zusätzlich an Gewicht verlieren wollen, können Sie die Zeit dazu nutzen, indem Sie eine Heilfastenwoche durchführen. Der Lapacho-Tee unterstützt die entschlackende und entgiftende Wirkung des Heilfastens. Trinken Sie täglich zwei Liter davon.

Der Ablauf der Lapacho-Kurwoche zum Abnehmen

Heilfasten ist eine Kunst für sich. Hier sei deshalb nur der Ablauf in einigen Punkten skizziert. Wenn Sie sich genauer darüber informieren wollen, besorgen Sie sich am besten einen speziellen Ratgeber zu diesem Thema. Essen Sie am Tag vor dem Kurbeginn weniger als sonst, ersetzen Sie die Abendmahlzeit durch frisches Obst und Naturjoghurt.

Trinken Sie am Morgen des ersten Fastentages 40 Gramm Bittersalz, aufgelöst in 1/2 Liter Obstsaft. Bittersalz (Magnesiumsulfat) wirkt stark abführend, alle Stoffwechsel-Endprodukte, die noch im Darm lagern, werden so schnellstens hinausbefördert. Bleiben Sie deshalb in der Nähe der Toilette.

Trinken Sie über den Tag verteilt zwei Liter Lapacho-Tee und zusätzlich Mineralwasser und verdünnte Obst- oder Gemüsesäfte. Je mehr Flüssigkeit Sie aufnehmen, um so besser ist dies für die Entschlackung. Das Hungergefühl wird durch das Trinken gedämpft. Auch Mate-Tee ist hier empfehlenswert, zumal er als natürlicher Appetithemmer gilt.

Für mittags und abends bereiten Sie sich zusätzlich eine frische Gemüsebrühe zu, für die Sie alle Gemüsesorten der Saison verwenden können. Sparen Sie an Salz und verwenden Sie kein Fett. Kräuter sollten Sie jedoch verschwenderisch einsetzen. Passieren Sie das weichgekochte Gemüse durch ein Sieb und geben Sie Kräuter erst in die fertige, heiße Brühe.

Nach fünf Fastentagen brechen Sie das Fasten, indem Sie am Morgen einen weichgedünsteten, geschälten Apfel zu sich nehmen. Mittags und abends dürfen Sie etwas Reis essen. Verzichten Sie an diesem Tag aber unbedingt noch auf tierische Produkte und Rohkost, weil diese die Verdauung zu stark belasten.

Erfahrungsgemäß läßt das Hungergefühl schnell nach, weil der Körper seinen Stoffwechsel der Ernährungssituation anpaßt und auf Sparflamme schaltet. Trotz der geringen Kalorienzufuhr fühlt man sich erstaunlich fit und leistungsfähig. Wenn Sie an einer Funktionsstörung der Schilddrüse oder an einer Herzkrankheit leiden, müssen Sie jedoch unbedingt vor der Kur den Arzt konsultieren.

Auch eine normale Reduktionsdiät auf der Basis einer ausgewogenen Mischkost von ungefähr 1000 Kalorien täglich wird durch Lapacho-Tee hervorragend unterstützt.

Lapacho-Tee kombiniert mit anderen natürlichen Heilmitteln

Es wird oft empfohlen, Lapacho-Tee mit anderen natürlichen Heilmitteln zu kombinieren, um seine Inhaltsstoffe zu verstärken. Bei den Tee-Getränken kommt da besonders der südamerikanische Mate-Tee (auch Yerba-Mate genannt) in Frage, der in Südamerika ein Nationalgetränk ist. Ein anderes populäres Heilmittel aus dem Regenwald ist »Cat's Claw« (Katzenklaue).

Lapacho-Tee und Mate-Tee

Mate-Tee gehört zu den beliebtesten Getränken in Südamerika. Er ist reich an natürlichen Vitaminen und Mineralstoffen und wurde schon als eines der wirkungsvollsten Verjüngungsmittel bezeichnet, die die Menschheit kennt. Dem Mate-Tee schreibt man folgende Eigenschaften zu: Er soll
- dem Körper Energie bringen,
- für geistige Wachheit sorgen,
- bei der Gewichtsabnahme und -kontrolle helfen,
- als natürlicher Appetitzügler wirken,
- den Darm reinigen,
- als mildes Abführmittel wirken,
- die Selbstheilungskräfte des Körpers anregen,
- gegen Streß schützen,
- gegen Allergien helfen,
- das Immunsystem stärken.

In einer Analyse, die am Pariser Pasteur-Institut durchgeführt wurde, ergab sich, daß Mate-Tee praktisch alle lebensnotwendigen Vitamine enthält. Zu nennen ist insbesondere die Pantothensäure, die eine wichtige Rolle für die Aktivität der Enzyme, die Produktion von Hormonen und die Verwertung der anderen Vitamine spielt. Kaum eine andere Pflanze weist einen so hohen Gehalt an Pantothensäure auf wie Mate-Tee.

Wie man sieht, werden dem Mate-Tee viele der positiven und heilenden Eigenschaften zugeschrieben, die auch der Lapacho-Tee hat.

Vieles weist darauf hin, daß Lapacho-Tee die Produktion von roten Blutkörperchen im Knochenmark anregt. Das hat bedeutsame Auswirkungen auf die Gesundheit des gesamten Körpergewebes. Zum Transport der roten Blutkörperchen wird zudem Eisen benötigt. Damit läßt sich erklären, warum sich die Wirkung des Lapacho-Tees, der selbst schon Eisen enthält, verstärkt, wenn er zusammen mit dem ebenfalls eisenhaltigen Mate-Tee verwendet wird. Es war auch bei den Naturvölkern immer üblich, beide Pflanzenarten zusammen zu gebrauchen. Trinken Sie also zusätzlich zum Lapacho-Tee täglich eine große Tasse Mate-Tee.

Lapacho-Tee und Cat's Claw

Cat's Claw (Katzenklaue) gedeiht im peruanischen Regenwald und wird, wie Lapacho-Tee, aus der inneren Rinde eines Baumes mit dem botanischen Namen Uncaria tomentosa gewonnen. Ihre Wirkstoffe regen das Immunsystem an und verstärken die Fähigkeit der weißen Blutkörperchen, Bakterien und sonstige körperfremde Stoffe zu vernichten. Cat's Claw soll auf natürliche Weise den Blutdruck normalisieren, Entzündungen vorbeugen und als Radikalenfänger agieren.

In ersten Untersuchungen erwies sich die Pflanze insbesondere bei Aids-Patienten als wohltuend. Durch die Einnahme verringerten sich innerhalb von zwei Wochen Hautgeschwüre und Zysten.

Cat's Claw wird oft mit Lapacho-Tee und anderen Kräutern zusammen in Kombinationen angeboten, die speziell das Immunsystem ankurbeln sollen, zum Beispiel »Catimmune« oder »Ten Lives«. Sie können solche Zubereitungen über Internationale Apotheken oder über das Internet bestellen.

Die Psyche stabilisieren durch Entspannung

Viele körperliche Erkrankungen werden durch Streß, Unruhe und psychische Belastungen verstärkt oder sogar ausgelöst. Das menschliche Immunsystem reagiert auf Streß sehr empfindlich. Im Labor konnte man nachweisen, daß bei großer emotionaler Belastung und Anspannung die Zahl der Immunzellen (Helferzellen, Makrophagen usw.) im Blut abnimmt.

Entspannungsübungen stellen somit eine wirkungsvolle Ergänzung zur Verwendung von Lapacho-Tee dar und tragen insgesamt zu einer gesünderen Lebensweise bei.

Sie können mit Hilfe von bewährten, wissenschaftlich geprüften Verfahren Entspannung erlernen. Alles, was Sie brauchen, ist Zeit und Geduld. Beim Einüben der Techniken tut man sich leichter, wenn man sie zunächst unter der Anleitung eines Fachmanns trainiert. Entsprechende Kurse werden an den Volkshochschulen, in Gesundheitszentren und auch von den Krankenkassen angeboten.

Innere Ruhe finden

Die einzelnen Methoden im Überblick

Streßmanagement

Streß läßt sich nicht immer vermeiden. Man kann jedoch lernen, mit Belastungen gelassener und gesünder umzugehen. Entspannungsübungen helfen dabei.

Tiefe Muskelentspannung

Bei diesem Training werden alle Muskelgruppen des Körpers nacheinander fest angespannt und dann locker gelassen. Ein Muskel lockert sich besser, wenn er vorher angespannt wird.

Atemtechnik

Durch besseres Atmen bekommt der Körper mehr Sauerstoff, Verkrampfungen im Brustraum lösen sich. Tiefenatmung: Tief ausatmen und dann in den Bauch hinunter atmen, bis sich die Bauchdecke fühlbar wölbt. Stoßatmung: Tief in den Bauch einatmen, und dann durch Bewegung der Bauchmuskeln Luft ausstoßen. Zehnmal wiederholen.

Phantasieübungen

Es fördert die Entspannung, sich angenehme Bilder vorzustellen (zum Beispiel eine Frühlingswiese) und sich dabei ganz auf Geräusche, Gerüche und Gefühle zu konzentrieren.

Yoga

Viele Yoga-Übungen dienen Körper und Seele. Die Bewegungen werden sehr langsam ausgeführt, dabei wird auf Tiefenatmung geachtet. Die Methode wird in Kursen gelehrt. Man sollte sie täglich 30 Minuten durchführen.

Leichte gymnastische Übungen

Durch leichte Gymnastik wird der Körper geschmeidiger und findet mehr Harmonie. Viele Übungen können zwischendurch auf dem Schreibtischstuhl sitzend ausgeführt werden, zum Beispiel:

Kopf und Schultern rollen; Beine strecken und Fußgelenke lockern; den ganzen Körper räkeln und recken.
Es kommt darauf an, diese Übungen dauerhaft in den Alltag einzubauen, damit sich Verspannungen erst gar nicht festsetzen können.

Die Tiefenentspannung nach Jacobson

Eine Enspannungsmethode, die fast jeder sehr leicht erlernen kann, ist die Tiefenentspannung nach Jacobson. Sie wurde von dem amerikanischen Arzt und Physiologen Edmund Jacobson in den dreißiger Jahren entwickelt. Durch die Abfolge von gezielter Muskelanspannung und anschließender Entspannung wird ein Zustand tiefer körperlicher Ruhe erreicht. Sie benötigen für die Übungen 20 bis 30 Minuten Zeit und einen ruhigen, leicht abgedunkelten Raum. Sie können die Übungen auch abends als Einschlafhilfe durchführen.

Anspannung

Die Anweisung zu allen Übungen lautet jeweils, bestimmte Muskeln, etwa den rechten Arm, kräftig für fünf bis sieben Sekunden anzuspannen. Kräftig heißt hier: So stark Sie können, ohne daß Sie Schmerzen davon bekommen. Sie zählen dabei langsam von 21 bis 27 und konzentrieren sich vollkommen auf das Gefühl der Anspannung.

Entspannung

Nach etwa sieben Sekunden entspannen Sie die ange-
spannten Muskeln rasch bis zur völligen Lockerung. Das
gelingt im allgemeinen sehr gut, weil Sie den Unterschied
zur völligen Anspannung deutlich wahrnehmen können.
Den Zustand der Lockerung behalten Sie für etwa 20 Sekunden bei, bevor Sie zur nächsten Übung weitergehen.

Die Übungen

Legen Sie sich auf eine bequeme Unterlage (Bett, Decken),
lockern Sie eventuell einengende Kleidungsstücke und
schließen Sie die Augen. Atmen Sie etwa eine Minute lang
tief ein und aus. Achten Sie dabei vor allem darauf, daß Sie
lange und vollständig ausatmen.

Hände und Arme

Wenn Sie Rechtshänder sind, beginnen Sie mit dem rechten Arm, als Linkshänder mit dem linken.
1. Machen Sie sieben Sekunden lang eine Faust, um Hand
   und Unterarm anzuspannen. Konzentrieren Sie sich auf
   diese Muskeln und versuchen Sie, alle anderen Muskeln
   relativ locker zu lassen. Lösen Sie die Faust und lassen
   Sie Ihren Arm 20 Sekunden lang entspannt neben dem
   Körper liegen.
2. Spannen Sie den Bizeps des rechten Arms an, indem Sie
   den Arm beugen und die Fingerspitzen der geöffneten
   Hand zur Schulter führen. Halten Sie die Spannung sieben Sekunden. Entspannen Sie wieder 20 Sekunden lang.
3. Wiederholen Sie diese Übungen mit dem anderen Arm.

Gesicht und Kopf

1. Runzeln Sie stark die Stirn, indem Sie die Augenbrauen soweit wie möglich nach oben ziehen. Entspannen Sie anschließend die Stirnpartie.
2. Rümpfen Sie die Nase und kneifen Sie die Augen ganz fest zusammen. Nach sieben Sekunden entspannen.
3. Beißen Sie die Zähne fest zusammen und ziehen Sie gleichzeitig die Mundwinkel so weit Sie können in Richtung Ohren (wie bei einem übertriebenen Grinsen). Lassen Sie wieder locker.

Die Übungen zur Entspannung von Gesicht und Kopf helfen auch sehr gut bei Kopfschmerzen.

Hals und Schultern

1. Pressen Sie das Kinn fest auf die Brust und stellen Sie sich dabei vor, daß jemand Ihren Kopf nach hinten drücken will. Arbeiten Sie gegen diesen imaginären Druck an. Entspannen Sie dann für 20 Sekunden.
2. Versuchen Sie, den Kopf weit in den Nacken zu legen, und stellen Sie sich dabei vor, daß jemand Ihren Kopf nach vorn drücken will. Arbeiten Sie gegen diesen imaginären Druck an. Entspannen Sie dann für 20 Sekunden.
3. Schieben Sie die Schultern nach vorne, soweit es geht. Halten Sie die Spannung sieben Sekunden. Loslassen.
4. Ziehen Sie die Schultern nach hinten soweit es geht, als wollten Sie erreichen, daß Ihre Schulterblätter zusammenstoßen. Halten Sie die Spannung sieben Sekunden. Entspannen.
5. Ziehen Sie die Schultern so weit wie möglich nach oben, als wollten Sie damit die Ohren berühren. Entspannen.

6. Holen Sie tief Luft und halten Sie für sieben Sekunden den Atem an. Atmen Sie dann mit einem Stoß aus.
7. Ziehen Sie den Bauch ein und halten Sie ihn sieben Sekunden völlig angespannt. Loslassen.

Gesäß und Beine

1. Spannen Sie die Gesäßmuskeln an, indem Sie den Po ganz fest gegen Ihre Unterlage pressen. Entspannen Sie wieder.
2. Spannen Sie den rechten Oberschenkel an. Entspannen Sie wieder.
3. Spannen Sie den linken Oberschenkel an und entspannen Sie wieder.
4. Spannen Sie die Muskeln der rechten Wade an, indem Sie Ihre Fußspitze nach vorne zum Fußboden drücken. Sieben Sekunden anhalten, lockerlassen. Ziehen Sie nun die rechte Fußspitze in Richtung Knie und halten Sie die Spannung wiederum sieben Sekunden an.
5. Wiederholen Sie diese Übungen mit dem linken Bein.
6. Drehen Sie beide Füße nach innen und halten Sie die Spannung für sieben Sekunden an. Entspannen.
7. Drehen Sie beide Füße stark nach außen und halten Sie die Spannung wieder für sieben Sekunden an. Entspannen.

Bleiben Sie nach Beendigung der Übungen noch ein paar Minuten entspannt liegen. Sie werden sich – nach einiger Zeit der Übung – leicht und gelockert fühlen, ohne daß große Müdigkeit Sie befällt. Wenden Sie die Tiefenentspannung nach Jacobson am besten täglich an.

Literatur

David, Thomas: *Medizin der Schamanen. Lebensqualität bei Krebs und Immunschwäche*. Köln 1996.

Klingemann, Hans-Georg: *Unkonventionelle Krebstherapien. Chancen alternativer Behandlungsverfahren*. München 1997.

Lübeck, Walter: *Heilen mit Lapacho Tee*. Aitrang 1997.

Melchart, Dieter/Wagner, Hildebert: *Naturheilverfahren. Grundlagen einer autoregulativen Medizin*. Stuttgart 1993.

Plotkin, Mark J.: *Heilung aus dem Regenwald. Das geheime Wissen der Amazonas-Schamanen*. München 1997.

Register

NATÜRLICHE HEILMETHODEN

16122

16129

16153

16152

Mosaik bei GOLDMANN

NATÜRLICHE HEILMETHODEN

16104

16105

16158

16155

Mosaik bei GOLDMANN

KRAFTQUELLEN ENTDECKEN

16101

16119

10888

16115

Mosaik bei GOLDMANN